FALTPLAN

»Schreiben Sie uns!

Wir hoffen, dass Ihnen dieser Reiseführer gefällt und er Ihnen ein guter Begleiter auf einer außergewöhnlichen und spannenden Reise ist.

Weil ein Reiseführer von Erfahrungen lebt, sind wir an Ihren Erlebnissen interessiert: Haben Sie im Buch ein Restaurant entdeckt, das es nicht mehr gibt, eine Sehenswürdigkeit, die wir noch nicht aufgeführt haben, oder eine falsche Adresse? Dann schreiben Sie uns!

Wir nehmen jeden Hinweis und jede Kritik ernst und arbeiten kontinuierlich daran, die Bücher aktuell zu halten und immer weiter zu verbessern. Auch wenn wir nicht jeden Wunsch erfüllen können, machen wir uns immer Gedanken über Ihre Anmerkungen.

Schreiben Sie an: info@reise-know-how.de oder Reise Know-How Verlag Peter Rump GmbH, Postfach 140666, 33626 Bielefeld

Wenn sich Ihre Infos direkt auf das Buch beziehen, bitten wir um die Angabe der Seitenzahl und der Auflagennummer bzw. des Erscheinungsjahres. Besonders hilfreiche Beiträge belohnen wir mit einem Sprachführer Ihrer Wahl aus unserer „Kauderwelsch"-Reihe.

Herzlichen Dank und gute Reisen
Ihr Reise Know-How Verlag

Diesem Buch wurde hier ein herausnehmbarer Faltplan beigefügt.
Sollte er beim Erwerb des Buches nicht mehr vorhanden sein, fragen Sie bitte bei Ihrem Buchhändler nach.

Liebe Leserin, lieber Leser,

ein unabhängiger Verlag für unabhängig Reisende – das sind wir, der Reise Know-How Verlag aus Bielefeld, eines der letzten Familienunternehmen in der Branche. Obwohl wir zu den größten Reiseführerverlagen Deutschlands gehören, ist der familiäre Umgang miteinander in allen Bereichen des Verlagslebens zu spüren: In der Geschäftsführung in zweiter Generation, in einer wertschätzenden Arbeitsatmosphäre, in der Nähe zu unseren frei arbeitenden Autorinnen und Autoren, im engen Austausch mit unseren Leserinnen und Lesern – und auch in der Zusammenarbeit mit Druckereien in Deutschland, in denen wir ausschließlich und regional unsere Bücher produzieren. Die sollen schließlich erst mit Ihnen auf große Reise gehen.

Alles, was wir in unsere Bücher und Landkarten stecken, soll Ihnen eines ermöglichen: Auf Ihre ganz eigene, individuelle Weise die Welt zu entdecken. Wir wünschen Ihnen viel Freude und unvergessliche Erlebnisse mit diesem Reiseführer.

Es grüßen herzlich
Peter Rump & Wayan Rump

Die Perle im Zentrum der Niederlande

Utrecht wirkt wie eine bescheidene Perle, die strahlt, sobald man sie sich genauer anschaut. Dann entpuppt sie sich schnell als perfekte Wahl für ihre Besucher, egal wie jung oder alt sie sind. Utrecht hat eine lange Geschichte, deren Höhepunkte, von der Römerzeit übers Mittelalter bis hin zur Moderne, sie auch gerne zeigt. Als viertgrößte Stadt des Landes hat sie zudem genau die richtige Größe und kennt keine tageslichtlosen U-Bahn-Schächte oder platt gelaufenen Füße.

Als Besucher kann man sich in das brausende Leben ihrer Werftkeller, Plätze, Terrassen, zahllosen Festivals und reichhaltigen Kulturangebote werfen. Genauso kann man aber auch die entschleunigende Gemütlichkeit der Stadt genießen, wenn man sich mitten in der Innenstadt, unterhalb der Straßen, direkt ans Wasser der Grachten setzt und die Seele bei einem guten Gläschen oder Häppchen baumeln lässt.

Als infrastrukturelles Zentrum des Landes ist Utrecht sowohl mit dem Zug als auch mit dem Auto hervorragend zu erreichen. Und ebenso lässt sich im Umland viel überraschende Natur, Kultur und Geschichte erkunden. Es lohnt sich. Welkom in Utrecht!

Die Autoren

Sabine Burger und **Alexander Schwarz** hat es 1990 von Baden-Württemberg in die Niederlande verschlagen. Es sollte eigentlich nur ein Jahr werden, doch Land und Leute haben es ihnen angetan, weshalb sie dort geblieben sind. Nach einem mehrjährigen Aufenthalt in Island (Reykjavík) leben beide wieder in den Niederlanden, entdecken gerne neue Dinge – und Dinge wieder neu. Sie lieben es, mit offenen Augen durch Utrecht zu laufen und mit den Menschen in Kontakt zu kommen. Utrecht ist für sie die niederländische Stadt schlechthin.

Beide schreiben sie seit nunmehr dreißig Jahren Reiseführer und andere Bücher im Reise Know-How Verlag, wie „CityTrip Amsterdam", „CityTrip PLUS Amsterdam, „CityTrip Reykjavík", „InselTrip Island", „Kulturschock Island" und die Kauderwelsch-Sprachführer „Schwäbisch – das Deutsch im Ländle" und „Duits – woord voor woord".

Wenn sie gerade mal nicht auf Recherche für die Reisebücher unterwegs sind oder daran schreiben, arbeitet Sabine als Sozialpädagogin, während Alexander Romane schreibt und als Literaturagent tätig ist.

070ut-bs

RACH
MANI
NOFF
BARBE
SHOP
DOWNSTAI
Van Delft

Inhalt

Gemütliches Sommertreiben an den Werftkeldern und Grachten der Innenstadt (Abb.: 001ut-bs)

Cleveres Nummernsystem

Die Sehenswürdigkeiten sind im Text und im Kartenmaterial mit derselben **magentafarbenen ovalen Nummer** ❶ markiert. Alle anderen Lokalitäten wie Geschäfte, Restaurants usw. tragen ein **Symbol und eine fortlaufende rote Nummer** (**1**). Die Liste aller Orte und die Zeichenerklärung befinden sich im Anhang.

Bewertung der Sehenswürdigkeiten

★★★ nicht verpassen
★★ besonders sehenswert
★ wichtig für speziell interessierte Besucher

Planquadrat im Kartenmaterial

[A1] Orte ohne diese Angabe liegen außerhalb unserer Karten. Alle Ortsmarken werden in der buchbegleitenden Web-App angezeigt (s. S. 143).

Alle weiteren Benutzungshinweise s. S. 142.

NICHT VERPASSEN!

1 2 Dom und Domtoren [G4]
Der Dom bildet den Mittelpunkt der Stadt. Von seinem Turm aus genießt man zudem einen grandiosen Rundumblick (s. S. 21 und S. 25).

10 Vismarkt [G4]
Auf diesem geschäftigen Abschnitt der Oudegracht kann man zwischen teils mittelalterlichen Häusern einen Kaffee oder ein Bier trinken, essen oder einfach bummeln gehen (s. S. 33).

12 Oudegracht [F4]
Die historische Shoppingmeile bietet mit ihren einmaligen Gewölbekellern und den dort beheimateten Lokalen eine besondere Atmosphäre (s. S. 35).

16 De Zeven Steegjes [G7]
Die sieben pittoresken Straßen wurden im 19. Jh. als Viertel für arme Arbeiterfamilien angelegt. Heute befindet sich hier eine kleine, feine Wohnoase (s. S. 43).

17 Centraal Museum [H7]
Das Centraal Museum zeigt historische und zeitgenössische Werke zahlreicher Utrechter Künstler (s. S. 44).

22 Janskerkhof mit Blumenmarkt [G3]
Jeden Samstag wird der Parkplatz auf dem Janskerkhof zum Blumenmeer. Ein Rundgang entlang der historischen Gebäude gibt einen Überblick über wichtige Abschnitte der Stadtgeschichte (s. S. 53).

27 Rietveld Schröderhuis
Gerrit Rietveld, Mitglied der De-Stijl-Bewegung, baute dieses architektonisch wegweisende Haus für Truus Schröder-Schräder. Rietvelds berühmter Rot-Blauer Stuhl ist im Centraal Museum zu bewundern (s. S. 62).

28 Kasteel de Haar
Das größte Schloss der Niederlande steht vor den Toren Utrechts. Im 13. Jh. erbaut, wurde es im 19. Jh. neogotisch wiedererrichtet und hat einen riesigen Schlossgarten (s. S. 64).

UTRECHT ENTDECKEN

002ut-bs

Willkommen in Utrecht

Utrecht ist eine gemütliche und lebendige Stadt, in der es sich gut flanieren und genießen lässt. Moderne findet sich neben historischer Architektur und auch Kunstliebhaber kommen auf ihre Kosten.

Einen guten ersten Eindruck von der Stadt macht man sich am besten bei einem **Spaziergang durch die Innenstadt** (s. S. 12). Diese ist vom **Singel** umschlossen, einem Wassergraben, an dem an verschiedenen, strategisch wichtigen Punkten im Mittelalter Verteidigungsanlagen eingerichtet wurden, die wie etwa die Sternwarte Sonnenborgh ⓳ teilweise noch erhalten sind. Heutzutage kann man wunderbar durch einen Grüngürtel entlang des Wassers spazieren gehen oder Rad fahren.

Auf dem Platz vor dem Bahnhof [D/E5], gebaut über der derzeit größten Fahrradtiefgarage der Welt, zeigt sich die Stadt mit einer futuristischen Überdachung und dem Einkaufszentrum **Hoog Catharijne** (s. S. 88) zunächst modern. Auf der Ostseite des Einkaufszentrums sieht aber alles schon viel gemütlicher aus, denn vom Platz **Vredenburg** [E4], auf dem an dem Markttagen Montag, Freitag und Samstag ein reges Treiben herrscht, ist es nur ein Katzensprung zur **Oudegracht** ⓬, die seit dem Mittelalter die Lebensader der Stadt bildet. Gegraben wurde sie, um den Warenhandel zu garantieren, und ihre **Gewölbekeller** sind eine Utrechter Besonderheit, die besonders die Gäste der dort untergebrachten Restaurants zu schätzen wissen. Oben an der Gracht stehen zahlreiche besondere Gebäude, unter anderem das Rathaus (**Stadhuis** ⓫) oder die alten Gebäude am **Vismarkt** ⓾, einer der historischen Utrechter Marktbrücken. Wer entlang der Gracht unterwegs ist, wird feststellen, dass die Studentenstadt außerdem jede Menge kleine, ansprechende Kneipen und Cafés zu bieten hat. Und auch wer gern durch Geschäfte bummelt, findet ein interessantes und ausgefallenes Angebot.

Wer möchte, kann auch zunächst auf einer **Grachtenrundfahrt** (s. S. 123) die Atmosphäre und die Besonderheiten der Stadt auf sich wirken lassen. So bekommt man aus einer etwas anderen Perspektive einen schönen Überblick über die verschiedenen Bereiche der Innenstadt. Oder man geht gleich sportlich selbst im **Kanu, Tretboot** oder auf dem **SUP-Board** auf Streifzug (s. S. 123).

Von fast allen Stellen der Innenstadt sieht man das Wahrzeichen der Stadt, den Domturm ❷. Zusammen mit dem Dom ❶ bildet er das Zentrum beziehungsweise das Herzstück der Stadt, denn hier begann mit dem Römerkastell die Geschichte Utrechts. Vom Domplatz aus sind es nur wenige Minuten zum Janskerkhof ㉒, der von alten Gebäuden umsäumt ist, zum **Museum Speelklok** ⓭, dem **Museum Catharijneconvent** ⓴, dem **Centraal Museum** ⓱ oder dem **Nijntje Museum** (s. S. 117).

Utrecht ist auch eine Kirchenstadt. Das **Kirchenkreuz** (s. S. 30) in der Innenstadt bietet zahlreiche historische Gotteshäuser, alle im Laufabstand voneinander.

▷ *Die Utrechter lieben es, bei sonnigem Wetter draußen zu sitzen und das Leben zu genießen*

◁ *Vorseite: Auf dem Vismarkt [G4] braucht es nur wenige Sonnenstrahlen und die Terrassen füllen sich*

Mit dem Rad kann man einfach und ohne große Anstrengungen die Straßen und Parks, die an die Innenstadt grenzen, erkunden. Zum Beispiel die **Burgemeester Reigerstraat** [J4–K5] und die **Nachtegaalstraat** [H/J4] mit Geschäften und kleinen Restaurants, den **Wilhelminapark** [K5/6], die **Maliebaan** (s. S. 104) mit ihren Skulpturen oder auch das **Vogelenbuurt**, ein altes, typisch niederländisches Arbeiterviertel, das heute eher von jungen Familien und Angestellten bewohnt wird und eine von zwei Windmühlen der Stadt aufweisen kann. Auch der angrenzende **Griftpark** (s. S. 118) oder die Gegend, in der sich früher das Institut für Veterinärmedizin befand (Veeartsenijpad [K1/2]) lohnen einen Besuch.

Zum Ausgehen bietet sich ein Abstecher in die Verlängerung der Oudegracht Richtung Südwesten an, vorbei am **Ledig Erf** [G/H8] über die **Westerkade** [G8] oder die **Oosterkade** [G8] bis zum umgebauten Industriegebiet **Rotsoord** (s. S. 86).

Ein Kurztrip nach Utrecht

Als viertgrößte Stadt der Niederlande mit einer sehr langen und reichen Geschichte hat Utrecht viel zu bieten. Die Innenstadt mit ihren Grachtenhäusern und den einzigartigen Gewölbekellern, interessante Museen und Galerien und die vielen Kneipen, Cafés, Restaurants und Terrassen laden zu einer überraschenden Entdeckungsreise ein.

Anreisetag

Am Anreisetag sollte man es langsam angehen lassen. Ein Spaziergang entlang der **Oudegracht** 12 und in ihren Seitensträßchen gibt einen guten ersten Eindruck von der Architektur der alten Gebäude in der Innenstadt und erklimmt man den **Domturm** 2, hat man eine grandiose Aussicht und kann sich einen Überblick über Abstände und Richtungen verschaffen.

003ut-bs

004ut-bs

Ist man genug gelaufen, kann man es sich auch noch in einem **Rundfahrtboot** (s. S. 123) gemütlich machen und die Innenstadt von einem anderen Blickwinkel aus betrachten, bevor man sich ins Nachtleben stürzt. Tipps für Cafés, Kneipen und Restaurants gibt es im Kapitel „Utrecht für Genießer" ab Seite 78.

2. Tag: Geschichte und Museen

Schön an der Utrechter Innenstadt ist, dass die alten und neueren **Grachtenhäuser** ein attraktives Ensemble bieten. Es lohnt sich also, die vielen herausgearbeiteten Details an den Fassaden zu betrachten.

Auf den folgenden Seiten finden sich Vorschläge für **Stadtspaziergänge** und eine **Fahrradtour**, die an den wichtigen historischen und kulturellen Stätten vorbeiführen (s. S. 12). Sie können den Rahmen für einen halben Tag bilden, es bleibt also genug Zeit für genüssliche Pausen in einem Café oder einem Restaurant mit Terrasse in einem der Gewölbekeller.

Wer sich für Kunst und Kultur interessiert, sollte einen halben Tag für den Besuch von einem oder zwei Museen freihalten. Das **Centraal Museum** ⑰ mit seiner Sammlung an historischen und modernen Werken vor allem Utrechter Künstler und das **Museum Catharijneconvent** ⑳, das kirchliche Kunst aus mehreren Jahrhunderten zeigt, spiegeln auch ein großes Stück Utrechter Geschichte wider. Nicht nur für Kinder interessant sind das **Museum Speelklok** ⑬, ein Museum für selbstspielende Musikinstrumente, das **Spoorwegmuseum** ㉕, in dem Eisenbahnfans voll auf ihre Kosten kommen oder das **Universiteitsmuseum Utrecht** (s. S. 76), in dem man seinem Forscherdrang freien Lauf lassen kann.

Abends kann man im neuen Tivoli-Vredenburg (s. S. 86) bei einem Konzert oder in einer Kneipe bei Livemusik seine Ohren spitzen (s. S. 86).

3. Tag: Entdeckungen im Umland

Für einen kleinen Ausflug außerhalb der Stadt kann man mit dem Rad zum Naherholungsgebiet **Amelisweerd** fahren und dann auch das benachbarte **Fort bij Vechten**, in dem das Museum über die **Hollandsche Waterlinie** 30 untergebracht ist, besuchen.

Mit dem Auto kann man zum **Herman van Veen Arts Center** 31 ins Naturgebiet De Paltz fahren, wo man die Kunst des berühmten Musikers, Autors, Malers und Clowns sowie Konzerte, Tanzvorstellungen und Theatervorführungen genießen kann.

Das **Huis Doorn** 33 hat mit seinem großen Park nicht nur Naturgenuss zu bieten, sondern dank seines ehemaligen Bewohners, des letzten deutschen Kaisers Wilhelms II., der hier bis zu seinem Tod im Exil lebte, auch ein besonderes Verhältnis zur deutschen Geschichte.

Zurück in der Stadt kann man seinen Besuch mit einem gemütlichen **Einkaufsbummel** in den vielen kleinen überraschenden Ladengeschäften, die sich in den historischen Grachtenhäusern und Häuschen befinden, und einem letzten Kaffee oder Tee an einem Gewölbekeller ausklingen lassen. Tipps zum Shopping gibt es im Kapitel „Utrecht zum Stöbern und Shoppen" ab Seite 88.

Der Eingang zum Centraal Museum 17

Das gibt es nur in Utrecht

- **Gewölbekeller:** Grachten können ja viele niederländische Städte bieten, doch die Gewölbekeller und die Terrassen, die dadurch direkt am Wasser entstehen, gibt es nur in Utrecht. Die meisten Keller dienen heutzutage nicht mehr als Vorratskammer, sondern wurden zu Restaurants umgebaut, weshalb man es sich schön am Wasser gemütlich machen kann.
- **Domtoren** 2: Der 112 m hohe Turm war bei seinem Bau der höchste Kirchturm des Landes und ist noch immer das Symbol der Stadt.
- **Rietveld Schröderhuis** 27: Gerrit Rietveld und Truus Schröder schrieben Architekturgeschichte, als sie zusammen das berühmte Haus für sich und ihre Kinder entwarfen. Es war eine neue Sichtweise, wie Zusammenleben aussehen und gestaltet werden sollte.
- **Nijntje Museum** (s. S. 117): Ein Museum für die Allerkleinsten findet man nicht überall. Die Bilderbuchfigur Miffy (auf Niederländisch Nijntje) lädt die jungen (und alten) Besucher in ihre Welt zum Spielen ein, als ob man in eines ihrer Kinderbücher geraten wäre.
- **Koningsnacht:** Der Geburtstag des Königs („Koningsdag") ist der Anlass, um die Stadt orangefarben zu schmücken und ausgelassen zu feiern, zu tanzen und zu singen. In Utrecht beginnt das Fest bereits am Vorabend, dann wird bis tief in die Nacht gefeiert (s. S. 94).

Stadttouren

Spaziergang 1: Das römische und mittelalterliche Utrecht

- **Dauer:** ca. 2 Stunden
- **Tages-/Jahreszeit:** zu jeder Tageszeit empfohlen
- **Start- und Endpunkt:** Domplatz [G4]

In Utrecht dreht sich alles um den **Dom** ❶ und die Stadt selbst entstand an der Stelle, auf der sich der Dom heute befindet. Der **Domplatz** ist der geschichtsträchtigste Ort der Stadt, weshalb es sich lohnt, sich hier gut umzusehen und etwas zu verweilen. Um das Jahr 41 n. Chr. bauten römische Truppen an dieser Stelle ein Fort mit dem Namen Traiectum. Es war Teil des Limes, des nördlichen Begrenzungswalls der römischen Hemisphäre. Hier kamen zu dieser Zeit die Flüsse Rhein und Vecht zusammen. Im Jahr 1254 wurde mit dem Bau der Domkirche begonnen, um 1320 dann mit dem Bau des **Domturms** ❷. Letzterer wurde 1382 vollendet. Letztendlich war es ein großes Glück, dass der Turm frei vom Kirchenschiff stand, denn ein Großteil des Doms fiel 1674 einem Sturm zum Opfer. Auf dem Domplatz kann man die Standorte der Pfeiler des ehemaligen Kirchenschiffs anhand der farblich abgehobenen Steine nachvollziehen.

057ut-bs

Neben dem Dom kann man einen Kreuzgang, den **Pandhof van de Dom** ❹, dessen älteste Fundamente aus dem 14. Jh. stammen, besichtigen. Neben dem Kreuzgang steht das **Academiegebouw** ❻, das zur Universität gehört. So repräsentiert der Domplatz sowohl die kirchliche Macht als auch, über die Wissenschaft, die staatliche.

Geht man vom Domplatz aus unter dem Domturm hindurch, gelangt man gleich links in den kleinen Garten **Flora's Hof** ❺. Kommt man wieder heraus und läuft über die Maartensbrug geradeaus weiter auf der Zadelstraat, lohnt sich ein Blick zurück, da man von hier aus geradewegs auf den Domturm schaut. Ein Blick nach unten lohnt sich auch: Die Stelle, bis zu der der Domturm reichen würde, wenn man ihn auf die Straße legen würde, ist mit einem Stein auf der Straße markiert.

[<] *Seit Jahrhunderten Mittelpunkt der Stadt: der Domturm* ❷

[>] *Die kleinen ehemaligen Reihenhäuser für Arme in einer der Zeven Steegjes* ⓰

005ut-bs

An der Zadelstraat gibt es links und rechts jede Menge **kleiner Läden**, darunter in Nr. 23 die **Banketbakkerij Theo Blom** (s. S. 91), die einen u. a. mit Utrechter *Domtorentjes* und *Bergmans Botersprits* (s. S. 79) verwöhnt. Am Ende der Straße stößt man auf die Musikhochschule und es gibt einige Restaurants, nach links geht es vom **Mariaplaats** ⓮ auf den Springweg. Hier kommt man u. a. an Het Duitse Huis ⓯, dem Programmkino Springhaver einschließlich Kneipe (Nr. 50) und dem ehemaligen Kloster und späteren Waisenhaus Myropscameren (s. S. 49) vorbei.

Geht man am Ende des Springweg rechts um die **Geertekerk** und auf dem Pelmolenweg nach links, kann man in den kleinen Stichsträßchen **Zeven Steegjes** ⓰ sehen, wie ein ehemaliges Armenviertel heute von jungen Familien bewohnt wird. Die Straßenzüge haben eine solch eigene, entschleunigte Atmosphäre, dass man sich fast auf einer Insel wähnt.

Auf der Lange Rozendaal kreuzt man die **Oudegracht** ⓬ und erreicht über die Vollersbrug die Twijnstraat (nach rechts). Hier läuft man entlang allerlei kleiner Läden bis zum **Ledig Erf**, der den südlichen Abschluss des Innenstadtrings markiert. Von hier aus fließt die Oudegracht in Seitenarme des Rheins und sichert der Stadt so eine Verbindung mit dieser wichtigen Wasserstraße. Unter den Einheimischen wird bereits der belebte Platz vor der Brücke Ledig Erf genannt. Im Sommer sind die Terrassen der hier ansässigen Kneipen und Restaurants voll, zum Beispiel die des **Louis Hartlooper Complex** (s. S. 45), einem angesagten Programmkino mit Restaurant.

Von diesem Platz geht es über die Straße Wijde Doelen nach links in die Nicolaasdwarsstraat. Dort befinden sich die ehemaligen Armenhäuser **Gronsveltkameren** (s. S. 49). Auf dem Nicolaaskerkhof steht die protestantische **Nicolaïkerk.** Gleich daneben befindet sich das **Centraal Museum** ⓱ und gegenüber das **Nijntje Museum** (s. S. 117).

Routenverlauf im Stadtplan

Die hier beschriebenen Spaziergänge sind mit farbigen Linien im Stadtplan eingezeichnet.

An der T-Kreuzung mit der Lange Nieuwstraat steht die imposante **Fundatie van Renswoude** ⑱, die dank einer für damalige Begriffe unglaublichen Erbschaft von 1,5 Mio. Gulden entstand und Waisenkindern eine Ausbildung ermöglichen sollte. Nach ein paar Schritten in die Lange Nieuwstraat hinein lohnt sich ein Blick zurück auf das imposante Gebäude. Auf der rechten Seite passiert man nun die **Beyerskameren** (s. S. 48), weitere Armenhäuser. Im mittelalterlichen Utrecht, in dem zweitweise 10 % der Bevölkerung aus Geistlichen, Mönchen und Nonnen bestanden, war man davon überzeugt, dass man eine bessere Chance hat, einen guten Platz im Himmel zu ergattern, wenn man den Armen hilft. Eine Sensation war damals der Einbau eines Plumpsklos in jedem der Häuser. Normal war ein zentrales im Hof.

Neben den Beyerskameren und dahinter befinden sich das **Universiteitsmuseum** und der alte **Hortus botanicus**, wo an interessante Forschungsversuche ein ruhiger Ausklang in der alten Gartenanlage und dem Café angeschlossen werden kann.

068ut-bs

Weiter auf der Lange Nieuwstraat stößt man nach vier Querstraßen auf das **Museum Catharijneconvent** ⑳ mit seiner Sammlung an christlich-religiöser Kunst. Ein Stück weiter kann man auf der gegenüberliegenden Seite in dem grünen und ruhigen **Abraham Dolenhof** [G5] etwas zur Ruhe kommen. Der Utrechter Kaufmann Abraham Dole stiftete 1412 ein Kloster, das an dieser Stelle errichtet wurde. Übrig ist davon nur noch die vormalige Kapelle. Sie wird seit 1745 von der Evangelisch-Lutherischen Kirche bedient und ist über die Hamburgerstraat 9 erreichbar.

Schräg gegenüber, auf der anderen Seite der Hamburgerstraat, steht **De Rechtbank,** ursprünglich das Gericht („rechtbank") mit großem Terrassenhof, heute ein Restaurant und Hotel. Der Restaurantbesuch im Innenhof mit Terrasse ist ideal für Familien mit Kindern, da der Hof von hohem Heckwerk umzäunt ist und Autos nicht auf das Terrain kommen. Außerdem befindet sich hier das **Utrechter Archiv** (Het Utrechts Archief, s. S. 75).

Weiter geradeaus sieht man von der Korte Nieuwstraat schon den Dom vor sich. Davor befindet sich **Het Wed,** ein kleiner Platz voller gemütlicher Kneipen, die während der Vorlesungszeit vor allem von Studenten frequentiert werden. Das liegt an der Nähe zu den Universitätsgebäuden auf dem Trans, der beim Wed nach rechts abzweigt. Hier befinden sich etliche Universitätsgebäude der Geisteswissenschaften in historischen Gebäuden. Am Ende der kleinen Straße befindet sich die ehemalige Herrensozietät **Sic Sem-**

◁ *„Die Hochzeit von Maria und Josef" (ca. 1485) im Museum Catharijneconvent* ⑳

per 9. Auf der gegenüberliegenden Seite der breiten Kreuzung sieht man das **Paushuize** 8.

Über den Pausdam gelangt man über die Straße Achter Sint Pieter und den Pieterskerkhof zu einer der ältesten Kirchen Utrechts, der **Pieterskerk** 7, die mit Tuff- und Sandstein aus der Eifel gebaut wurde. Zurück auf der Achter Sint Pieter gibt es auf der **Korte Jansstraat** und bei einem Abstecher in die Straße **Oudkerkhof** gemütliche Bistros, Cafés und Läden zu entdecken.

Die Korte Jansstrat führt nun auf den **Janskerkhof** 22. Dort wird man hoch zu Ross von Willibrord (s. S. 52) begrüßt. Dahinter steht die **Janskerk** 23, vor deren Haupteingang sich ein Standbild Anne Franks befindet. Auf dem Gelände hinter dem Janskerkhof findet jeden Samstag der **Blumenmarkt** 22 statt – eine Lust für die Augen, auch wenn man nichts kaufen möchte. Es ist Tradition, dass die Blumenhändler jeden Samstag ein paar Blumen bei Anne Franks Standbild hinterlassen.

Auf der anderen Seite des Janskerkhof, der unter der Woche als schnöder Parkplatz fungiert, stehen stolze Patrizierhäuser. Von hier aus geht es über die Lange Jansstraat geradewegs zur **Neude** 24. Dort befindet sich das alte Hauptpostamt im Stil der Amsterdamse School, das nach jahrelangem Umbau endlich wieder für das Publikum zugänglich ist, das regen Gebrauch von der Bibliothek und den Ladengeschäften an deren Rückseite macht. Auf der anderen Seite des Platzes befindet sich seit 1851 eine Drogerie. Bei der **Drogisterij Wortman** sieht es noch aus wie zu Großmutters Zeiten – hier werden auch noch immer historische Rezepte für Wachse und Kragensteife hergestellt und verkauft.

007ut-bs

An der Voorstraat 6, von der Neude aus sehr gut sichtbar, befindet sich **Apotheek De Liefde**, das bekannteste Jugendstilgebäude Utrechts. Es wurde 1903 bis 1904 nach einem Entwurf von R. Rijksen im Auftrag des Apothekers Johan de Liefde erbaut. Das Gebäude ist asymmetrisch angelegt, mit einem Oberlicht über dem Ladenbogen und einem sechseckigen Turm rechts auf dem Dach. Davor steht das Standbild **„Thinker on a Rock"** (s. S. 59) des britischen Bildhauers Barry Flanagan. Ein Rodin ist es nicht gerade, dafür bekommt der Denker im Winter oft einen wärmenden Schal umgehängt oder ein paar Karotten zugesteckt. (Hinweis: An dieser Stelle beginnt der Spaziergang, der auf Seite 16 beschrieben wird.)

Neude ist bei den Utrechtern einer der beliebtesten Ausgehplätze, auf

Denkmal für Papst Adriaan vor dem Paushuize 8

dem man sich nicht nur auf ein Gläschen Wein oder Bier oder ein Essen nach der Arbeit, sondern auch später am Abend gern trifft. Übrigens vermag niemand zu sagen, ob es jetzt der, die oder das Neude heißt. Und da man sich darüber einfach nicht einig wird, kann es jeder so halten, wie er möchte.

Über die **Schoutenstraat** (schöne Läden, sehr leckere belegte Brötchen bei Bigoli, s. S. 81) und den Ganzenmarkt geht es auf die **Korte Minrebroederstraat.** Rechts befindet sich die Rückseite des Rathauses, links Cafés und Kneipen, im Sommer mit Terrassen draußen. Über die Straße **Oudkerkhof** (nach links etwas gehobene Geschäfte und Gastronomie) geht es rechts auf die **Stadhuisbrug** mit dem **Stadhuis** 11 (Rathaus) und gleich in der Nähe befindet sich **Winkel van Sinkel**, das erste Warenhaus Utrechts, das heute Grandcafé, Weinbar und Pub ist. Eine Etage tiefer finden sich wieder die typischen Utrechter **Gewölbekeller** mit zahlreichen Restaurants. Über den **Vismarkt** 10 geht es links auf der Servetstraat wieder unter dem Domturm hindurch und damit zum Ausgangspunkt dieses Stadtspaziergangs.

Spaziergang 2: Das grüne Utrecht Oost

- **Dauer:** ca. 80 Minuten
- **Tages-/Jahreszeit:** vor allem im Frühling und Sommer lohnenswert
- **Start- und Endpunkt:** Neude 24

Neude 24 ist beliebter Treffpunkt der Utrechter. Auf dem großen Platz lässt es sich mit einem Getränk, einem Mittag- oder Abendessen gut aushalten. Niederländer sitzen gern auf der Terrasse, sobald die ersten Sonnenstrahlen zu sehen sind, man muss sich halt etwas wärmer anziehen.

Entlang dem Standbild **„Thinker on a Rock"** (s. S. 59) geht es in nördlicher Richtung in die lebendige Voorstraat und links ab in die **Hardebollenstraat.** Diese Straße war früher für ihre Fensterprostitution á la Amsterdam bekannt. Heute entwickelt sich hier eine kreative Szene. Die Straße geht über in die Korte Lauwerstraat. Linker Hand sieht man den **Wasserturm** im Lauwerhof. Er war der erste in Utrecht. Im 19. Jh. kam es zu einigen Choleraepidemien in der Stadt und so nahm 1855 eine Gesundheitskommission ihre Arbeit auf. Es sollte allerdings noch bis 1895 dauern, bis das Startsignal für den Bau des Was-

008ut-bs

serturms erklingen konnte. Im Neorenaissancestil von L.C. Dumont entworfen, stellte man den Turm in den Garten des damaligen Vorstands der Wasserwerke, P.E. Rijk. Immerhin dauerte die Bauzeit nur ein Jahr und so wurde der 69 m hohe Turm mit einem maximalen Wasserinhalt von 1500 m³ 1896 in Betrieb genommen.

Von der Lange Lauwerstraat, in die man nach rechts einbiegt, geht es dann nach links über die Begijnekade am Wasser entlang auf der Noorderstraat über die Brücke auf die Kievitstraat. Jetzt befindet man sich im **Vogelenbuurt**, einem alten Arbeiterviertel, in dem in den 1930er-Jahren viele aus Deutschland geflüchtete Juden wohnten und das sich heutzutage zu einem der angesagtesten Stadtteile vor allem für junge Familien gewandelt hat. In den meisten Straßen haben Fußgänger, Fahrrad- und Autofahrer dieselben Rechte. Alle Straßen in diesem Viertel haben einen Vogelnamen, darum der Name für diesen Stadtteil. Anfangs bauten hier wohlhabende Bürger entlang bestehender Wasserläufe große Villen. In der Koekoekstraat standen früher viele **Getreidewindmühlen.** Übrig geblieben ist nur die Mühle in der Adelaarsstraat.

Von der Kievitstraat geht es in die Kievitdwarsstraat. Dort wuchs im Haus Nr. 52 der wohl bekannteste Sohn der Stadt auf, **Herman van Veen** (s. S. 68). Am Ende der Straße geht es nach links in die Grietstraat und gleich wieder rechts in die Kwartelstraat. Diese geht in einen Fußpfad über und am Spielplatz Torteltuin entlang. Dann geht es nach links am Wasser entlang und dann rechts über die Brücke Richtung **Griftpark** [H1]. Dort läuft man an einer Mauer mit einem vertikalen, bewässerten Garten entlang. Im Park können sich Kinder so richtig austoben, spielen, den Streichelzoo und Kräutergarten besuchen. Man kann sich aber auch einfach nur aufs Gras legen und ausruhen.

☒ Gezelligheid ist Trumpf auf der Neude ㉔

Über den Blauwkapelseweg geht es weiter auf die Alexander Numankade. Jetzt befindet man sich im **Zeeheldenbuurt** (Helden-der-See-Viertel), auch wenn der Namensgeber dieser Straße Tierarzt war. Von der Alexander Numankade geht es rechts über eine kleine Brücke in die Bekkerstraat und um das ehemalige Institut für Veterinär-Anatomie herum, in dem sich jetzt Wohnungen befinden, links auf den Hoefsmederijpad. Viele der Gebäude hier gehörten früher zur Fakultät der Tiermedizin. Dieses Gebiet wirkt dann auch fast wie ein eigenes gemütliches Dorf.

An der Stelle, an der die Hoefsmederijstraat in den Veeartsenijpad übergeht, kreuzt die Poortstraat. Für das vielfach ausgezeichnete Eis von **Gelato Roberto** (s. S. 84) lohnen sich die paar Schritte hin und zurück auf jeden Fall.

Zurück auf dem Veeartenijpad geht man an einem kleinen Park mit Restaurant **Goesting** (s. S. 82) entlang. Der Veeartsenijpad geht in die Veeartsenijstraat über, die auf die Biltstraat trifft. Über die Straße Oorsprongpark weiter entlang des Parks erreicht man den Kreisverkehr, der auf die Straße Maliebaan (s. S. 104) führt. Die Straße mit ihren stolzen Herrenhäusern hat eine äußere und eine innere Fahrbahn sowie einen eigenen Pfad für Radfahrer und Fußgänger.

Nach etwa zwei Dritteln der Strecke geht es rechts in die **Nachtegaalstraat** mit ihren bunt gemischten

Boutiquen, Kneipen und Restaurants. Bei der Straße Lucasbolwerk und dem **Stadttheater** (Stadschouwburg) geht es dann wieder über das Wasser in den Stadtinnenring. Mit dem Bau der Stadschouwburg wurde 1937 begonnen, er zog sich aber hin. Nachdem die Nazis die Niederlande 1940 besetzt hatten, drohten sie zunächst, das noch nicht fertiggestellte Gebäude niederzureißen. Dem damals in den Niederlanden schon recht bekannten Architekten Willem Dudok wurde sogar mit einer Haftstrafe gedroht. Dann wurde das Gebäude 1941 doch fertiggestellt und von den Nazis für Großkundgebungen missbraucht. Wohl auch deshalb musste sich Dudok 1946 vor dem Ehrenrat der Architekten verantworten, wurde dort aber von allem Tadel gesäubert. 1995 wurde ein gläserner Bühnenturm angebaut. Das Theater wurde 2009 unter Denkmalschutz gestellt.

Über die Nobelstraat geht es auf den Janskerkhof 22 und von dort über die Lange Janstraat auf den Start- und Endpunkt dieses Spaziergangs, der Neude 24.

Fahrradtour Oog in Al und Lombok

- **Dauer:** ca. 25 Min. reine Fahrzeit; ca. 1½ Std. reine Gehzeit
- **Länge:** ca. 6 km (3,5 km ohne Strand Oog in Al)
- **Tages-/Jahreszeit:** tagsüber, ganzjährig
- **Start- und Endpunkt:** Hauptbahnhof

Die Tour beginnt an der Rückseite des **Hauptbahnhofs** und ist für Radler beschrieben. Man kann sie allerdings auch gut zu Fuß gehen. Wenn man um das NH Hotel herumgeht, kann man an der Ampel die Straße **Westplein** überqueren, sodass man schließlich auf der Nordseite des Wassers den Fahrradweg nutzen kann.

Westplein ist einer der Orte, die in den kommenden Jahren grundlegend umgestaltet werden sollen. Es ist eine der letzten Phasen des Großprojekts CU2030 (s. S. 106).

Der Radweg führt am Wasser entlang zur **Windmühle de Ster** 26. Wenn man das Gelände bei der Mühle verlässt, fährt man links über die Brücke und biegt nach rechts auf den Leidseweg ab. Dort sieht man jetzt viele schöne Hausboote. Sie waren ursprünglich eine kreative Lösung für den Wohnraummangel. Da man aber für ein *woonboot* auch Liegeplatzgebühren bezahlen muss, ist das Ganze inzwischen nicht mehr so viel günstiger als eine Wohnung. Doch es ist ein anderes Lebensgefühl. Für vie-

Für Anne Frank am Haupteingang der Janskerk 23 gibt es jede Woche frische Blumen

Die wunderschön restaurierte Windmühle de Ster 26 mit ihren Segelgatterflügeln

le drückt das Leben auf dem Wasser doch einen gewissen Grad an Freiheit aus. An der folgenden Kreuzung bietet sich die **Abel Tasmanbrug** als schönes Fotomotiv direkt vor dem **Muntgebouw** an. Ab 1904 war klar, dass man an der alten Münzstätte zu viele Reparaturen ausführen musste, weshalb man beschloss, die Prägeanstalt zu verlegen. Letztendlich wurde das Grundstück am Merwedekanaal und am Leidsche Rijn gefunden, was die Anfuhr von Rohstoffen einfach machte. Es dauerte allerdings bis 1911, bis der neoklassizistische Bau von Königin Wilhelmina feierlich eingeweiht werden konnte. 1915 und 1928 muss das Gebäude erweitert werden, da weitere Produktionsmaschinen nötig geworden waren. 2001 stimmten die Minister für Finanzen und Kultur zu, das Geldmuseum im Muntgebouw einzurichten. 2007 war der nötige Umbau schließlich fertig und das Museum konnte einziehen. Doch ohne Zuschüsse konnte es sich nicht halten und schloss 2013. Seither dient der Bau als Kongresszentrum.

Nun überquert man geradeaus und dann gleich rechts zwei Brücken, sodass man an den Rand des **Parks Oog in Al** kommt. Er ist eine wichtige grüne Oase im Viertel und wird durch die Stadt und freiwillige Helfer versorgt und beständig verbessert. Auch für Tiere ist der Ort wichtig. Neben 20 Rehen leben hier viele Vögel und kleine Waldtiere. Biegt man gleich nach links in den Park ab, kommt man am **Landhuis in de Stad** (s. S. 82) vorbei. Der Landsitz wurde 1664 von Everard Meyster, einem niederländischen Adligen und Dichter, außerhalb der Stadt angelegt, denn er wollte die weitere Entwicklung und Erweiterung der Stadt im Auge behalten. Heute ist hier ein Restaurant untergebracht.

Will man radeln, fährt man um den Park nach rechts über Mozartlaan und Everard Meijsterlaan bis zum Gelände der **Cereolfabriek.** Zu Fuß kann man quer durch den Park dorthin kommen. Wo früher Öl aus Leinsamen und später Soja gewonnen wurde, befinden sich jetzt eine Stadtteilbibliothek und ein Kulturzentrum sowie das Restaurant **Buurten in de Fabriek** (https://kombuurten.nl), das vor allem auch im Sommer mit seiner Terrasse ein beliebter Treffpunkt für die Menschen aus dem Viertel ist.

Von hier kann man jetzt weiter am Kanal entlangfahren und dann der Beschilderung „SOIA“ folgen, bis man zum **Strand Oog in Al (SOIA)** kommt. Der Fußweg führt die ganze Zeit am Wasser entlang. Das Schwimmen ist hier zwar zu gefährlich, da der Amsterdam-Rijn-Kanaal auch von gro-

010ut-bs

011ut-bs

Auf der Terrasse des Restaurants Buurten in de Fabriek (s. S. 19)

ßen Schiffen befahren wird, aber doch zieht es Jung und Alt in diese Ecke. Gesellschaftsspiele, Tischtennis, aber auch Angebote wie Yoga am Strand, Open-Air-Kino oder die Funk-, Disco- und Deephouse-Platten, die sonntags gespielt werden, locken die Gäste.

Zurück zur Cereolfabriek geht es auf dem gleichen Weg oder man fährt auf der anderen Seite am Amsterdam-Rijn-Kanaal bis zur **Dafne Schippersbrug**, wo man nach links abbiegt. Die Brücke hat sehr viel Aufsehen erregt, denn der große Bogen befindet sich auf dem Dach eines Kindergartens. Durch dieses Konzept konnten sowohl die Auffahrt auf die Fahrad- und Fußgängerbrücke, der Kindergarten und eine Grünanlage angelegt werden. Dann fährt man geradeaus auf der Everard Meijsterlaan bis zur Cereolfabriek.

Hier geht es über die langgezogene Brücke und dann auf der Keulsekade nach rechts wieder am Wasser entlang. Dann biegt man automatisch nach links ab auf die Adikade. Über die Ouderijnbrug geht es nach rechts in die Kanaalstraat, die die Hauptschlagader des Viertels **Lombok** bildet. Es ist das multikulturelle Herz der Stadt und hat in den letzten 30 Jahren eine große Wandlung durchgemacht. Ende der 1980er- und 1990er-Jahre ging jeder, der anderswo in der Stadt eine Wohnung finden konnte, von hier weg. Gastarbeiter und ihre Familien zogen hierher, Hausbesetzer schnappten sich die heruntergekommenen Häuser, in die niemand Geld stecken wollte, doch es gab auch einen Zuzug von jungen Leuten, die hier für relativ wenig Geld ein Haus kaufen konnten, das ganz nahe an der Innenstadt lag. Auch die Stadt begann, hier mehr Geld zu investieren und so ist es heute ein gemischteres Viertel.

Auf der Kanaalstraat sieht man diese buntgemischte Seite, wo das Miteinander ziemlich gut klappt. Man findet hier viele interessante Geschäfte, Restaurants und *eethuisjes* und sollte sich einfach mal ein wenig Zeit lassen, um das Treiben zu erleben. Die Straße endet auf dem **Moskeeplein** mit der **Ulu-Camii-Moschee**. Biegt man hier nach rechts in die Damstraat ab, erreicht man wieder die Überquerung über den Westplein, an dem die Tour angefangen hat.

Erlebenswertes im Zentrum

Die Innenstadt Utrechts ist von ihrer mittelalterlichen Geschichte geprägt. Die Oudegracht, die die Stellung Utrechts als Handelsstadt sicherte, ist die Lebensader der Stadt. Auch die Kirche verschaffte der Stadt Ansehen und Reichtum. Reiche Klöster und Immunitäten (s. S. 58) konnten wunderschöne Gebäude errichten. Die Grenzen zwischen weltlichen und kirchlichen Stadtbezirken erkennt man heute noch häufig am Verlauf von Straßen.

1 Dom ★★★ [G4]

Zweifellos sind für viele Bewohner der Dom und der Domplatz das eigentliche Zentrum Utrechts, auch wenn das nach vielen Stadterweiterungen geografisch nicht mehr korrekt ist. Der Dom ist nicht nur durch seinen Turm für viele Orientierungspunkt in der Stadt.

Im Mittelalter umfasste die Diözese Utrecht mit gut 1100 Pfarrgemeinden große Teile der heutigen Niederlande. Der Bischof von Utrecht war nicht nur kirchliches Oberhaupt, sondern auch politischer Verwalter eines Gebiets, über das er im Namen des Deutschen Kaisers herrschte. Der Bischof von Utrecht stand im Zentrum der Macht.

Um 695 wurde die erste Steinkirche gebaut, die St. Martin geweiht war. In nachfolgenden Jahrhunderten wurde sie diverse Male verwüstet und als die romanische Kirche im Jahr 1253 bei einem schweren Brand stark beschädigt worden war, ließ Bischof Hendrik van Vianden 1254 den **Grundstein für eine neue Kirche** legen, die im zu der Zeit populären Baustil der Gotik gebaut werden und wie ihre Vorgängerin St. Martin geweiht werden sollte. Man ließ einige Teile des romanischen Doms bis Ende des 15. Jh. stehen und baute das neue Gotteshaus drumherum. Nach schleppenden Anfängen wegen Geldmangels war dann Ende des 13. Jh. schließlich der Chorumgang vollendet und obwohl man jetzt an den Seitenschiffen des Chors weiterarbeitete, begann man 1321 auch mit dem **Turmbau**, der 1382 beendet wurde. Die Natursteine hierfür musste man aus Bentheim, dem Rheinland und dem heutigen Belgien importieren.

058ut-bs

⊡ Der schreibende Kanonikus der Domkirche, Hugo Wstinc (†1349)

Um 1400 wurde der Weiterbau unterbrochen, konnte aber gegen 1440 wieder aufgenommen werden. Jetzt wurden das Querschiff und das Hauptschiff in Angriff genommen, doch da es immer wieder an Geld fehlte, wurden hier nur hölzerne Decken fertiggestellt, das Gewölbe aus Stein wurde nicht mehr gebaut. Auch hatte man noch nicht alle Stützpfeiler an den Seiten vollendet. Hinzu kam, dass das Salvator-Kapitel (s. S. 58), das an den Grundbesitz des Doms grenzte, auf einem Durchgangsrecht bestand, weshalb das Hauptschiff nicht direkt an den Turm angebaut werden konnte. Man wählte die Konstruktion einer Brücke, die das Kirchenschiff mit dem Turm verband, sodass der Zutritt zum Salvator-Kapitel durch einen Durchgang gewährleistet war. 1520 wurde der Bau beendet, da weitere Mittel fehlten.

012ut-bs

Das normale Volk besuchte diese Kirche nur zu besonderen Anlässen, ansonsten kamen hier nur die aus dem Adel stammenden Kapitulare oder deren Stellvertreter zum Gebet und zu Gottesdiensten zusammen. Obwohl das Bistum Utrecht 1559 zum Erzbistum erhoben wurde, gewannen die Anhänger des Protestantismus immer mehr Zulauf. So kam es 1580 zu einem **Bildersturm**, im Zuge dessen der Dom und die Kunstwerke einige Schäden erlitten und an die Protestanten übergingen.

1674 raste ein **verheerender Sturm** über Belgien und die Niederlande, der enorme Schäden in der Stadt und ihrer Umgebung verursachte. Das Mittelschiff des Doms stürzte wie ein Kartenhaus zusammen. Erst drei Jahre später wurde die Mauer zum Mittelschiff dichtgemauert und ein neuer Eingang gegenüber der Domstraat eingerichtet. Da sich niemand so recht traute, die heiligen Steine wegzuschaffen, blieben die Trümmer liegen. Die Ruinen sollen ein Treffpunkt für Schwule, damals Sodomiten genannt, gewesen sein. Angeblich sollen gerade französische und italienische Diplomaten, die zu den Verhandlungen für den Frieden von Utrecht (1713) in der Stadt waren, den Ort berühmt-berüchtigt gemacht haben. Seither sind der Ausdruck „Der kommt hinter dem Dom hervor" und die Bezeichnung „Utrechtenaar" (im Gegensatz zu Utrechter) als Schimpfwörter für Schwule in der niederländischen Sprache erhalten geblieben.

◁ Links und rechts hinter dem Altar des Doms befinden sich die Gräber Kaiser Konrads II. und Heinrichs V.

Erst 1826 wurde endlich der ganze Bauschutt weggeräumt und der **Platz vor dem Dom** eingerichtet. Bereits 1811 hatte Kaiser Napoleon die Kapitel in Utrecht aufgelöst, der ganze Besitz fiel an den Staat. Die Kirche wurde Eigentum der Hervormde Gemeente und der Turm kam in den Besitz der Stadt Utrecht. Die letzte größere Renovierung der Kirche fand 1979 bis 1988 statt.

Immer wieder taucht die Idee auf, das Mittelschiff wiederherzustellen und die Kirche in aller Pracht zu vollenden. Doch Gegner dieser Idee kontern mit dem Argument, dass gerade die eigenartige Form des Doms das Besondere ausmacht. Auf dem Platz vor dem Dom sind die Kontouren des ehemaligen Mittelschiffs mit besonderen Straßensteinen markiert, sodass man sich ein Bild davon machen kann, wie groß die Kirche gewesen wäre. 2004 wurde das Kirchenschiff anlässlich der 750-Jahr-Feier aus Gerüststangen aufgebaut.

Von der reichen gotischen Ausschmückung der **Inneneinrichtung** ist nur wenig erhalten, und dann oft auch durch den Bildersturm beschädigt. Die transparente Ausstrahlung durch die 32 m hohen **Spitzbögen** muss auf die Besucher des Mittelalters einen enormen Eindruck gemacht haben. Der **Schlussstein** im Chorgewölbe zeigt Jesus, der seine Mutter Maria segnet. Die Schlusssteine in den Kreuzgewölben stellen die Evangelisten Matthäus, Markus und Johannes dar. Lukas fiel der Verkürzung des Chorraums zum Opfer. Verschiedene reich verzierte **Grabkapellen** und **Gräber** wichtiger geistlicher und weltlicher Persönlichkeiten sind erhalten geblieben, unter anderen die Grabkapelle von Bischof Jan van Arkel (gest. 1378) und von Bischof Guy van Avesnes (gest. 1317) mit besonderen Wanddekorationen, die teilweise erst Anfang des 20. Jh. wiederentdeckt wurden, nachdem sie nach dem Bildersturm unter neuen Mauern versteckt worden waren. Das Heilige Grab von 1501 zeigt den verstorbenen Christus umgeben von Engeln, Propheten und Wächtern. Die bekleideten Engel stammen aus der Gotik, die nackten aus der Renaissance. Im Fußboden des Chors sind einige Platten aus dem 15. Jh. eingelassen, die die Stellen markieren, an denen das Herz und die Eingeweide der deutschen Kaiser Konrad II. (gest. 1039) und Heinrich V. (gest. 1125) beigesetzt wurden.

059ut-bs

Bis zum Zeitpunkt seiner Erbauung unvorstellbar: ein solch luftig gebauter Turm

Im Süden des Querschiffs zeigen die 1926 eingesetzten **Kirchenfenster** von R. N. Roland Holst die Evangelisten, 1936 entstanden im Norden die Fenster mit verschiedenen Propheten. Die älteste **Orgel** des Doms wird bereits 1342 erwähnt, wurde aber 1571 durch eine neue Orgel von Peter Janszoon de Swart ersetzt, die wiederum 1831 einer Orgel von Jonathan und Johan Bätz weichen musste, wobei einige der alten Orgelpfeifen mit integriert wurden. 1970 bekam der Chor eine Kabinettorgel, die Gideon Thomas Bätz Ende des 18. Jh. gebaut hatte. 1989 kam eine dritte Orgel hinzu, deren Pfeifen zu einem Großteil im 17. Jh. von Apollonius Bosch gefertigt worden waren.

Die Pfarrgemeinde bietet regelmäßig Gottesdienste und Gebete an, aber die Kirche wird auch zu anderen Zwecken genutzt (Ausstellungen, Privatereignisse), bei denen ein besonderer Rahmen gefragt ist. Besonders beliebt sind die Konzerte am Samstagnachmittag.

Vor dem Dom trägt eine stolze Frau eine brennende Fackel in ihren Händen. Diese 6 m hohe Kalksteinstatue (mit Säule 10 m) der niederländischen Künstlerin Corinne Franzén-Heslenfeld wurde am 4. Mai 1949, dem Tag, an dem aller niederländischen Kriegstoten gedacht wird, von Prinz Bernhard enthüllt. Als Ehrerweisung für die große Anzahl von Widerstandskämpferinnen während der Besatzungszeit wurde bewusst eine **Frauenstatue** für dieses Denkmal gewählt. Noch immer wird an dieser Statue am 4. Mai der Opfer des Zweiten Weltkriegs im Allgemeinen und der Utrechter Widerstandskämpfer im Besonderen gedacht.

Rechts neben dem Dom steht ein großer **Runenstein**, eine Kopie des größeren der Runensteine von Jelling in Dänemark. Am 22. Juni 1936 wurde der Stein als Geschenk Dänemarks zum 300-jährigen Bestehen der Universiteit Utrecht auf dem Domplatz aufgestellt. Auf der Rückseite ist ein Christusbild eingeritzt.

Weiter vorne auf dem Platz steht noch eine zweite Statue. Sie zeigt **Jan VI. van Nassau-Dillenburg** (Johan VI. Graf von Nassau-Dillenburg). Der Calvinist gewährte den nördlichen Provinzen im Achtzigjährigen Krieg großzügige Kredite, sodass sich diese gegen die Spanier wehren konnten. Er galt als der Architekt der **Utrechter Union**, in der sich 1579 mehrere nördliche Provinzen und einige Städte der Niederlande gegen die südlichen Niederlande, die unter dem Einfluss Spaniens standen, vereinten. Auch wenn ein Einheitsstaat tatsächlich erst später geformt werden sollte, gilt die **Unie von Utrecht** mit der Gründung der **Republiek der Zeven Verenigde Nederlanden** als Geburtsstunde der Niederlande, Jan VI., der Graaf van Nassau, als deren Gründungsvater und Utrecht als Gründungsstadt.

› Achter de Dom 1, Buslinie 8, 28, 50, 73, 74, 77 (Janskerkhof), 2 (Domplein), www.domkerk.nl, Nov.–März Mo.–Fr. 11–16, Sa. 11–15.15, So. 12.30–16 Uhr, Mai–Sept. Mo.–Fr. 10–17, Sa. 10–15.15, So. 12.30–17 Uhr, April u. Okt. Mo.–Fr. 11–17, Sa. 11–15.15, So. 12.30–17 Uhr. Samstagskonzert: 15.30 Uhr. Jeden 3. Sa. öffnet die Domkirche von 20.15 bis 23.15 Uhr bei der Night of Light ihre Türen für einen Moment der Stille, der Kontemplation und des Gebets.

Der hohe Durchgang des Domtoren 2 verbindet den Dom über die Servetstraat mit der Oudegracht

MEIN TIPP

Kaffee und Geistliches

Zur Kirche gehört auch ein kleines **Café**, in das man durch den Souvenirladen des Doms gelangt. Das große Fenster bietet einen wunderschönen Ausblick auf den Innenhof des angrenzenden Kreuzgangs. Das Angebot umfasst Süßes zu Kaffee oder Tee, aber auch einfache herzhafte Speisen zum Mittag.

2 Domtoren ★★★ [G4]

Wer die 465 Stufen des Domturms erklimmt, wird mit einer großartigen Aussicht über Utrecht belohnt, denn noch immer ist der 112,32 m hohe Turm das größte Gebäude der Stadt. Gleichzeitig dient der Turm von vielen Orten in der Stadt aus als Orientierungspunkt.

Obwohl man vom Dom 1 gerade mal den Chorraum vollendet hatte, begann man 1321 bereits mit dem Bau des Turms. 1328 kam es dann aber zu einer Zwangspause wegen Geldmangels. So stand ein 27 m hoher Sockel auf der Baustelle, auf den man einen kleinen vorläufigen Glockenstuhl mit zwei Glocken gesetzt hatte. Wahrscheinlich wurden die Bauarbeiten um das Jahr 1344 wieder aufgenommen, dabei wurden die **Michaelskapelle** und die **Egmondskapelle** errichtet und auch die **Wohnung des Turmwächters** wurde bereits berücksichtigt. Mitte des 14. Jh. hatte man auf das erste Quadrat des Turms einen größeren hölzernen Glockenstuhl gebaut, der nach und nach hinter den Mauern des zweiten Quadrats verschwand. Etwa 1360 kam es wieder zu einem Baustopp. Ob dafür technische Probleme oder die Pestepidemie, die von 1359 bis 1368 wütete, verantwortlich waren, ist nicht ganz klar.

Von 1371 bis 1374 protestierte der Bußprediger **Geert Grote** in einem Traktat vehement gegen den Turmbau, den er für einen zweiten Turm von Babel hielt. Auch war er sich sicher, dass der Turm einstürzen würde, da man bereits Risse im zweiten Segment wahrnehmen konnte. Glücklicherweise konnten diese repariert werden, doch man entschloss sich, den Bau des dritten Teils des Turms, der achteckigen Laterne, anzupassen und statt des hohen Spitzturms, der den Druck auf das zweite Segment noch verstärkt hätte, eine niedrigere Holzkonstruktion zu errichten. Dadurch wurde der Turm letztendlich statt 126 m nur 112 m hoch, doch er blieb trotz allem der höchste Kirchturm der Niederlande. 1382 wurden die Bauarbeiten erfolgreich beendet.

Zwischen 1519 und 1525 wurde der Turm **renoviert und verziert:** Der achteckige Aufbau wurde strahlend weiß gestrichen, bei den beiden unteren Segmenten wurden die nach innen versetzten Teile leuchtend rot bemalt.

060ut-bs

Zwischen 1837 und 1845 wurde der Turm vor dem Einsturz gerettet und die Pläne, ihn einzureißen, wurden glücklicherweise nicht verwirklicht. Von 1901 bis 1932 wurden viele bautechnische Probleme gelöst, die bis dahin nicht angegangen worden waren. 1975 fand erneut eine gründliche Restaurierung statt und seit 2017 wird die Außenstruktur, die natürlich Wind, Regen und Sonne ausgesetzt und daher anfällig für Witterungsschäden ist, restauriert, weshalb der Turm **zurzeit in Baufolie eingehüllt** ist. Eine **Turmbesteigung** ist dennoch möglich, allerdings nur im Zuge eine **Führung**, bei der man u. a. die Michaelskapelle und die Egmondskapelle besichtigt und das Glockenspiel, die Glocken sowie das Innere der Turmuhr sehen kann. Dabei erfährt man auch Spannendes zur Baugeschichte und der Funktion der Räume und einige Anekdoten.

› Domplein, Buslinie 8, 28, 50, 73, 74, 77 (Janskerkhof), 2 (Domplein), www.domtoren.nl, So., Mo. 12–17, Di.–Sa. 10–17 Uhr, geschlossen 25., 26.12., 1.1., 27.4., Besuch nur während einer Führung (3–8 Führungen täglich auf Niederländisch/Englisch) möglich (Minderjährige nur in Begleitung Erwachsener), Eintritt 13,50 €, 4–12 Jahre, Studenten, ab 65 Jahren 8,50 €, Kombiticket Museum Speelklok + Domtoren 22 €, Kinder 12,50 €. Karten online, beim VVV (s. S. 114) bzw. unter Tel. 030 2360010, frühzeitige Reservierung empfehlenswert.

MEIN TIPP

Dombau als Animation

Auf der Facebook-Seite @Bouwdomtoren findet man eine Menge Zeichnungen und Animationen, die zeigen, wie der Bau des Doms ❶ und des Domturms ❷ vonstatten ging.

❸ DOMunder ★★ [G4]

DOMunder ist eine **interaktive Ausstellung zu den Ausgrabungsfunden** unter dem Dom ❶ und dem Platz davor. Es geht um die Zeit von den Anfängen des Römerkastells, über den Dombau bis zu der Phase, als das Mittelschiff des Doms von einem Sturm zerstört wurde. Die Führungen finden auf Englisch und Niederländisch statt, mit etwas Glück spricht ein Führer auch Deutsch. Es gibt englischsprachige Filme, die alles erklären und man kann mithilfe von Lampen bei den Ausgrabungen Sensoren aktivieren, die mit Audiovorträgen gekoppelt sind (auch auf Deutsch).

› Domplein 4, Buslinie 8, 28, 50, 73, 74, 77 (Janskerkhof), 2 (Domplein), Tel. 2339999 (19–16 Uhr), www.domunder.nl, Einlass nur mit Führung (75 Min.) tgl. zwischen 11 und 16 Uhr (4 bis 6 Führungen), Eintritt: 14 €, Kinder, Studenten 10 €, nur Kartenzahlung. Empfohlen für Kinder ab acht Jahren, frühzeitige Reservierung angeraten.

❹ Pandhof van de Dom ★★★ [G4]

Wie in früheren Zeiten die Mönche, lädt der Innenhof mit Kreuzgang und Kräutergarten heute alle dazu ein, zur Ruhe zu kommen.

Die ältesten Fundamente des Kreuzgangs und Kräutergartens neben dem Dom stammen vom Ende des 14. Jh. Der Innenhof bildete die Verbindung zwischen dem Dom und dem großen Kapitelsaal, in dem die fünf Utrechter Kapitel (s. S. 58) ihre Besprechungen abhielten. Da lange nicht klar war, wer für den Innenhof verantwortlich war, machten die Bürger der Stadt für ihre Zwecke Gebrauch davon. Später ging der Hof in das Eigentum der

061ut-bs

Ort der Ruhe: der Kreuzgang zwischen Domtoren (2) und Academiegebouw (6)

Universität über, doch niemand wollte in die Versorgung und Instandhaltung investieren, weshalb er verwahrloste. 1962 wurde ein erster Garten eingerichtet, der allerdings mangels Pflege verkümmerte. Seit 1975 kümmert sich eine Gruppe von Freiwilligen liebevoll um den Garten, wodurch man jetzt eine wunderschöne und geschützte **grüne Oase** in der Stadt besuchen und auf den Spuren der Mönche im Kreuzgang wandeln kann.

Den **Brunnen** in der Mitte des Kräutergartens ziert ein schreibender Kanonikus, also einer der Geistlichen des Domkapitels. Er wurde 1915 von den Brüdern Brom hergestellt. Der Brunnen ist ein Geschenk der Stadt Utrecht an die Universität, um die gegenseitigen Bande zu verstärken.

In den Dreiecken über den **Fenstern des Kreuzgangs** sind Stationen aus dem Leben St. Martins abgebildet.

1876 bis 1896 leitete **P.J.H. Cuypers** eine Restaurierung des Innenhofs, bei der beschädigte Reliefs durch Kopien ersetzt wurden. Da diese jedoch aus sehr weichem Stein gehauen wurden, mussten sie zwischen 1958 und 1962 bereits wieder ersetzt werden. Einige von Cuypers Kopien wurden in die Mauer in Flora's Hof (5) eingebaut. Die **Bildergeschichte** beginnt beim Eingang Achter St. Pieter, wo St. Martin den Teufel in der Gestalt eines Drachen vertreibt, und beschreibt weitere Ereignisse aus seinem Leben bis zu seinem Tod (Bild 16) sowie weitere Wunder, die Menschen durch die Berührung der Reliquien und Fürsprache bei St. Martin erfahren haben sollen.

Eine besondere Verzierung ist das Ornament, das durch Taue zusammengehalten scheint. Hier war wohl einer der Steinmetze zu Scherzen aufgelegt.

› Domplein Utrecht, Buslinie 8, 28, 50, 73, 74, 77 (Janskerkhof), 2 (Domplein), www.uu.nl/organisatie/de-pandhof-van-de-dom, tgl. 10–16 Uhr

5 Flora's Hof ★★ [G4]

Das Gebäude, das zu Glanzzeiten der bischöflichen Macht als Bischofpalais gedient hatte, stand nach dem Verbot der öffentlichen Ausübung des katholischen Glaubens leer und war 1803 letztendlich in einem solch schlechten Zustand, dass es abgerissen werden musste. Hendrik van Lunteren kaufte die Häuser Servetstraat 1, 3 und 5 und gründete eine **Gärtnerei.** 1934 schloss der letzte Besitzer den Betrieb, letztendlich war es doch lukrativer, den Grund zur Bebauung zu nutzen. Übrig geblieben ist ein kleiner, doch feiner **Innenhof**, der seit 2007 von einer Gruppe Freiwilliger gehegt und gepflegt wird. In den Mauern findet man Fragmente von Szenen aus dem Leben St. Martins, die P.J.H. Cuijpers für den Kreuzgang des Doms 1 hatte anfertigen lassen. Was früher Wohnhaus und Orangerie der Gärtnerei war, ist heute die Buchhandlung Steven Sterk.

› Eingang Servetstraat neben dem Domturm 2 oder Domplein, ebenfalls neben dem Domturm, Buslinie 8, 28, 50, 73, 74, 77 (Janskerkhof), 2 (Domplein), www.florashof.nl, Mo.–Sa. 10.30–17, So. 12–17 Uhr

6 Academiegebouw ★★ [G4]

Betrachtet man den Dom 1 als geistliches Zentrum der Stadt, wäre das Academiegebouw das geistige Zentrum, denn hier wurde wortwörtlich Geschichte geschrieben.

Das Academiegebouw geht zurück auf das eigentliche **Kapitelhaus**, in dem die fünf Kapitel der Stadt Utrecht (s. S. 58) ihre Versammlungen abhielten. Es war über den Kreuzgang des Doms mit dem Dom verbunden. Nachdem die **Protestanten** Ende des 16. Jh. den Dom nach dem Bildersturm übernommen hatten, gründeten sie eine Schule, um protestantische Pfarrer auszubilden. Dafür konfiszierte die Stadtverwaltung kurzerhand das Kapitelhaus. Durch dessen großen Saal wurde eine Mauer gezogen, wodurch man zwei Unterrichtsräume schaffen konnte. 1636 wurde diese Schule durch die Provinzverwaltung zur **Universität** erhoben. Die Uni hatte damals vier Fakultäten (Philosophie, Theologie, Jura und Medizin), weniger als einhundert Studenten und sieben Professoren. Sie war sehr angesehen und lockte auch viele Studenten aus England, Schottland und Deutschland an. Das Besondere an ihr war, dass sie zunächst eine städtische Universität war, die dann 1817 zur Rijksuniversiteit, also zur staatlichen Universität, wurde.

MEIN TIPP

Romantische Nachtwanderung

Wenn es Abend wird, werfen Kunstinstallationen ein neues Licht auf historische Orte der Stadt. **Trajectum Lumen** ist ein Rundgang, der an verschiedenen **Lichtkunstwerken internationaler Künstler** vorbeiführt. In der gesamten Innenstadt werden dann historische Gebäude, Brücken und Straßen beleuchtet. Die Lichtinstallationen sind jeden Abend nach Einbruch der Dunkelheit bis Mitternacht zu sehen. Auf der Website www.trajectumlumen.nl oder in der App Lumapp (kostenlos für Android und iOS) findet man einen Plan und eine Beschreibung der aktuellen Kunstwerke. Damit kann man sich allein aufmachen, von Mitte Oktober bis März kann man an Samstagabenden aber auch an einer Führung teilnehmen. Anmeldung beim VVV (s. S. 114), 12,50 €.

Zur 250-Jahr-Feier wollten die Utrechter der Universität ein angemessenes Gebäude schenken, denn das Kapitelhaus war zu diesem Zeitpunkt zu klein geworden. Doch der Bau verzögerte sich durch den Tod des hauptverantwortlichen Architekten und einen Streit darum, in welchem Stil das Gebäude entstehen sollte. Schließlich entschied man sich für den Stil der **Neorenaissance**, denn dieser verweist auf die alte griechische Kultur und den Humanismus. 1892 wurde das Academiegebouw, das das ursprüngliche Kapitelhaus enorm vergrößerte, dann tatsächlich fertiggestellt. Über dem Eingang prangt der Kopf von Pallas Athene. Die Abbildungen von diversen Gelehrten findet man ebenfalls als Verzierungen an der Fassade.

Heute dient das Gebäude vor allem für Abschlussprüfungen, Promotionen, Empfänge und Ehrungen, die in den historischen Räumen einen feierlichen Rahmen bekommen. Die **Aula**, der ehemalige Kapitelsaal, ist in altem Glanz wiederhergestellt. Hier wurde 1579 unter der Leitung von Jan van Nassau, dem Bruder von Willem van Oranje, die **Utrechter Union** (s. S. 24) ausgehandelt und der Vertrag unterschrieben, der das Fundament für die spätere Republik der Niederlande und den heutigen modernen Staat der Niederlande bildet.

› Domplein 29, Buslinie 8, 28, 50, 73, 74, 77 (Janskerkhof), 2 (Domplein), www.uu.nl/en/organisation/utrecht-university-hall, Mo.–Fr. 8–22.30 Uhr, das Gebäude ist offen für den Studentenbetrieb, Treppenhaus und Flure sind also zugänglich. Will man die alten Säle besuchen, kann man beim Bureau Reserveringen van het Academiegebouw Führungen anfragen: Tel. 2539595, reserveringen.academiegebouw@uu.nl.

7 Pieterskerk ★ [G4]

Die Materialien für die romanische Kreuzbasilika, die Bischof Bernold zwischen 1040 und 1048 bauen ließ, wurden eigens aus der deutschen Eifel herangeschafft. 1054 wurde der Bischof auch in der Kirche begraben. Die Pieterskerk gehört zu den ältesten Kirchenbauten der Stadt Utrecht und ist Teil des Utrechter Kirchenkreuzes. Sie bildete das Zentrum ei-

Universitätsstadt Utrecht

1940, zu Beginn der Besatzungszeit während des Zweiten Weltkriegs, hatte die Uni rund 3500 Studenten. Als die Nazis 1943 eine Loyalitätserklärung von ihnen einforderte, ließen sich nur noch 359 Studenten immatrikulieren.

Ab 1960 zogen Teile der Universität von der Innenstadt in den neuen Stadtteil De Uithof um. Seit Ende des letzten Jahrhunderts sind dort alle Natur- und Sozialwissenschaften untergebracht. Auch das Universitätskrankenhaus (UMC Utrecht, Universitair Medisch Centrum Utrecht) und die einzige Fakultät für Tiermedizin der Niederlande befindet sich hier. Einzig die Geistes- und Rechtswissenschaften haben ihre Räumlichkeiten noch immer in der Innenstadt.

Im Oktober 1992 wurde die Universität in Universiteit Utrecht umbenannt. Sie hat heute mehr als 39.000 Studenten, rund 700 Hochschullehrer und fast 8500 sonstige Mitarbeiter. Sie stellt damit nicht nur mehr als 10 % der Bevölkerung, sondern ist mit einem Jahresbudget von über 1,1 Mrd. € auch ein wirtschaftlich nicht zu unterschätzender Faktor in der Stadt.

nes selbst verwalteten Kirchenbezirks, der Immunität Sint Pieter, die von Kromme Nieuwegracht und Achter Sint Pieter begrenzt wurde.

Die romanische Stiftskirche wurde an der Stelle errichtet, an der sich die römische Niederlassung befand und noch heute existieren in der Kirche **romanische Bauelemente.** Dazu gehören beispielsweise sechs rote, aus einem einzigen Sandstein gehauene Säulen, die Nordkapelle und die Krypta. Die **Krypta** ist eine Besonderheit, denn man findet sie nur selten in niederländischen Kirchen. Im 13. und 14. Jahrhundert entstanden die **gotischen Spitzbogenfenster**, das **gotische Querschiff** und einige Kapellen erhielten ein gotisches „Remake".

1580 wurde die Ausübung des katholischen Glaubens in Utrecht verboten. Kirchen und Güter gingen an die Protestanten über. Auch in der Pieterskerk entfernte man im Zuge des **Bildersturms** Kunstgegenstände, Bildnisse, Gemälde und liturgische Gegenstände. Der Chorraum wurde hinter einer Mauer versteckt, wodurch der gekachelte Fußboden

Das Utrechter Kirchenkreuz

Oft wird davon gesprochen, dass es in Utrecht fünf Kirchen gegeben hat, die mit dem Dom (1) in der Mitte in einer Kreuzform angelegt wurden. Allerdings gibt es keinerlei Aufzeichnungen, die belegen, dass die Kirchen tatsächlich mit dieser Idee gestiftet und gebaut wurden. Gegen die Idee eines bewusst angelegten Kirchenkreuzes spricht, dass es nicht ganz symmetrisch ist. Gegner der Theorie sind daher der Meinung, dass die Lage der Kirchen den topografischen Gegebenheiten der Stadt zuzuschreiben ist und die Kreuzform eher auf Zufall beruht. Für die bewusste Anordnung würde sprechen, dass die Kirchen in relativ kurzer Zeit und unterstützt durch Schenkungen des Kaisers errichtet wurden.

Der Legende nach wollte Kaiser Heinrich III. (1017–1056) mit dem Kirchenkreuz das Andenken seines Vaters Konrad II. (990–1039) ehren. Selbiger war an Pfingsten 1039 in Utrecht gestorben. Seine Organe wurden im Dom bestattet, während sein Leichnam nach Deutschland überführt wurde. Heinrich verfügte nun, dass um das Herz seines Vaters ein Kreuz aus Kirchen errichtet werden solle. So würde das Grab von allen Seiten durch Reliquien und die Gebete der Geistlichen in den umliegenden Kirchen geschützt.

Durch die Schenkung großer Ländereien an die Kirche in Utrecht war es möglich, den Bau der Gotteshäuser zu finanzieren. Bischof Bernold initiierte in seiner Zeit als Bischof in Utrecht von 1027 bis 1054 den Bau der Kirchen, die das Kreuz bilden. Im Zentrum steht der 1023 fertiggestellte romanische Dom. Östlich davon wurde die Pieterskerk (7) gebaut (1040–1048) und 1040 nördlich des Doms die Janskerk (23) gestiftet. Den Südendpunkt bildet die Pauluskerk (1050) und im Westen entstand unter Bischof Koenraad van Zwaben die Mariakerk, die 1099 eingeweiht wurde. Heute existieren von den fünf Kirchen noch drei. Von der Mariakerk ist noch der Kreuzgang am Mariaplaats (14) erhalten und von der Paulusabtei gibt es noch vereinzelte Bauelemente, beispielsweise ein Eingangstor, das Hofpoort, an der Nieuwegracht (neben Nr. 11).

von 1413 erhalten geblieben ist. Danach diente die Kirche erst einmal als **Soldatenlazarett.** 1621 wurde sogar ein Operationssaal im abgetrennten Chorraum eingerichtet.

1656 wurde die Kirche dann an die **Waals Hervormde Gemeente** (Wallonische Gemeinde) übergeben, die auch noch heute Eigentümerin der Kirche ist, allerdings wurde das Gotteshaus noch einmal kurzfristig von den französischen Truppen belagert und als Lagerraum verwendet.

Mitte des 17. Jh. wurden ein kleiner und ein großer **Kapitelsaal** an die Kirche angebaut. Nachdem die Kirche zwischen dem 11. und dem 13. Jh. bereits drei verheerende Brände überstanden hatte, richtete 1674 der **Sturm**, der auch das Mittelschiff des Doms 1 vernichtete, großen Schaden an. Die Steine der eingestürzten Türme wurden verkauft, um die nötigen Renovierungsarbeiten zu finanzieren. Statt die beiden hohen Türme erneut zu errichten, wurde 1677 nur ein kleiner Turm auf das Dach gebaut, in dem eine bescheidene Kirchenglocke hängt.

Bei umfassenden Renovierungsarbeiten zwischen 1953 und 1970 wurden unter der Putzschicht an den Wänden und Decken, unter den Fußböden und in einer Grabkammer **Gemälde** und Reliefs aus der Zeit ab dem 11. Jh. gefunden. Sie wurden wieder freigelegt und zugänglich gemacht.

Im ruhigen, kleinen **Innenhof** kann man zahlreiche Pflanzen betrachten, die in der Bibel erwähnt werden. Auf Niederländisch werden die jeweiligen Bibelstellen und die Bedeutung der Pflanzen erläutert.

Von September bis Juni finden an Freitagabenden 20 bis 25 Chorkonzerte statt.

› Pieterskerkhof 3, Buslinie 2, 8, 28, 50, 73, 74, 77 (Janskerkhof), Tel. 0682389538, www.pieterskerk-utrecht.nl, Sa. 12–16 Uhr, Pieterskerkconcerten: www.pieterskerkconcerten.nl

8 Paushuize ★★ [G4]

Adriaan Floriszoon Boeyens, 1459 in Utrecht geboren, studierte in Löwen (heute Belgien) Philosophie, Theologie und Kirchenrecht, wurde 1490 zum Priester geweiht und machte sich danach als berühmter **Professor an der Universität von Löwen** einen Namen.

Er bekleidete zahlreiche **Kirchenämter** und wurde dazu berufen, den späteren Kaiser Karl V. (Carlos I.) in den klassischen Sprachen zu unterrichten. Später gab er für seine Tätigkeiten am Hof seine akademischen Ämter sogar ganz auf und wurde 1515 nach Spanien entsandt, um als Statthalter Karls V. aufzutreten.

1516 wurde der Theologiegelehrte erst **Bischof von Tortosa** und dann Großinquisitor von Aragonien und Navarra und 1517 auch von León und Kastilien. In diesem Jahr erhielt er außerdem die **Kardinalswürde** und ließ in seiner Heimatstadt Utrecht am äußeren Rand der Immunität von Sint Pieter ein stattliches Haus gründlich renovieren. Der Auftrag für die Renovierung lässt darauf schließen, dass er hoffte, zu gegebener Zeit wieder nach Utrecht zurückzukehren, was allerdings nie geschah.

Als 1521 Papst Leo starb, wurde Adriaan vom Konklave in Abwesenheit zum Papst gewählt, da alle anderen Kandidaten am Widerstand verschiedener Kaiser und Könige scheiterten. Er erfuhr davon erst einen Monat später in Spanien. Im August 1522 zog er schließlich als **Papst Ha-**

drian VI. in Rom ein. Er versuchte mit tiefgreifenden Reformen der drohenden Spaltung der Kirche durch die Reformationsbewegung entgegenzuwirken. Auch die Türkenkriege stellten eine Bedrohung für das Christentum dar. Mit einem frommen und gemäßigten Lebensstil bemühte sich Hadrian, ein Vorbild für seine Glaubensbrüder zu sein. Dies brachte ihm allerdings bei den hohen kirchlichen Würdenträgern keine Freunde ein, denn die fürchteten um ihre Privilegien, die unter anderem aus großzügigen Schmiergeldern finanziert wurden. Hadrian VI. starb bereits Mitte September des darauffolgenden Jahres in Rom.

013ut-bs

Das Paushuize ging Ende des 16. Jh. in den Besitz der Staten van Utrecht (der mittelalterlichen Provinzverwaltung) und verschiedener Adelsfamilien über. 1807 war es vier Monate lang Residenz von König Ludwig Napoleon, als dieser auf den Umbau seines Palasts an der Wittevrouwenstraat wartete. Der König entschloss sich allerdings letztendlich, seinen Amtssitz nach Amsterdam zu verlegen.

Seit einer gründlichen Renovierung in den Jahren 2008 bis 2011 erstrahlt das Bauwerk in altem Glanz. Es ist der **Amtssitz des Kommissars des Königs** und steht der Allgemeinheit für Kongresse, Hochzeiten und Empfänge, aber auch am letzten Sonntag im Monat bei einer Führung offen. Besonders auffallend ist die **horizontale Linienführung**, die durch das Abwechseln roter und heller Steine entsteht. Auch ist das Paushuize ein sehr schönes Beispiel für einen Treppengiebel. Die Statue an der Kromme Nieuwegracht stellt **Christus Salvator** (Christus, Retter der Welt) mit einem Erdball dar. Die Bogenbrücke und die Toreinfahrt direkt hinter der Statue stammen aus dem Jahr 1633.

› Ecke Kromme Nieuwegracht und Achter St. Pieter, Buslinie 2, 8, 28, 50, 73, 74, 77 (Janskerkhof), Tel. 2310347, www.huizemolenaar.nl/portal/paushuize, kostenlose Führung am letzten So. im Monat 11–11.45 Uhr, Buchung Monate im Voraus nötig

Nobles Interieur im Paushuize 8

9 Sic Semper ★★ [G5]

Der **Herrenclub Sic Semper** („So soll es bleiben"), in dem sich vermögende Adlige, Patrizier, Offiziere und hohe Beamte trafen, wurde 1775 gegründet. Als Unterkunft erwarb man zunächst ein Gebäude aus dem 17. Jh. 1838 kaufte man ein Nachbarhaus dazu, um mehr Platz zu haben, und der gesamte Bau wurde im neoklassizistischen Stil umgeformt. 1890 war dann aber schließlich deutlich, dass das Haus so viele Baumängel aufwies, dass nichts mehr zu machen war und man entschloss sich, an derselben Stelle neu zu bauen.

Bei einem Architekturwettbewerb wurde der Entwurf von P.J. Houtzager angenommen. Es war das erste große Projekt, mit dem sich der Architekt, der einer der wichtigsten Utrechter Architekten der Jahrhundertwende werden sollte, endlich einen Namen machen konnte. Ganz nach der Mode der Zeit wurde ein dem Mittelalter nachempfundener **neogotischer Bau** mit Türmchen, Dachkapellen, Bögen, Nischen, Balkons und einem achteckigen Erker errichtet. Houtzager war gleichzeitig auch Direktor der Kunstgewerbeschule und er ließ die Auszubildenden im Gebäude an verschiedenen **Dekorationen** arbeiten. Außen sind noch immer die Blumengemälde auf den Keramikfließen in den Fensterbögen zu bewundern, auch die Eisengitter auf dem Dach sind kunstvoll verziert.

Die hohen Kosten für den Neubau wollte man durch steigende Mitgliederzahlen, Saalvermietung und erhöhte Mitgliedsbeiträge ausgleichen. Doch das erwies sich als äußerst schwierig, denn die Zahl der Mitglieder sank, und so musste die Sozietät 1913 letztendlich aufgelöst werden.

Auch nachdem die Stadt Utrecht das Gebäude gekauft hatte, blieb der Name Sic Semper erhalten. Bis 1979 war hier das Berufungsgericht für Verwaltungs- und Sozialsachen untergebracht. Danach wurden nach einer gründlichen Renovierung 1990 zwölf **Apartments** geschaffen. Seit 2001 steht Sic Semper **unter Denkmalschutz.** Deshalb wurde 2002 die Außenfassade einer umfassenden Renovierung unterzogen, sodass man jetzt wieder die schöne Aussicht auf diesen besonderen Bau genießen kann.

› Ecke Trans und Nieuwegracht, Buslinie 2, 8, 28, 50, 73, 74, 77 (Janskerkhof)

10 Vismarkt ★★★ [G4]

Der letzte Fischverkäufer an diesem Ort schloss 1970 seine Türen und beendete damit eine jahrhundertelange Tradition, die mit einem Fischmarkt um das Jahr 1200 begonnen hatte.

Wohl um das Jahr 1000 entstand mit der Schaffung der Oudegracht 12 die kurze Straße Vismarkt, die heute zwischen den Brücken **Stadhuisbrug** und **Maartensbrug** verläuft. Damals stand an der Ostseite das **Fort Trecht,** während an der Westseite das **Handelsviertel Stathe** lag, das sich sozusagen am Fuße des Forts entwickelt hatte.

1040 ließ Kaiser Heinrich III. die **Pfalz Lofen** zwischen dem Fort und der Oudegracht anlegen. Davon sieht man heute noch ein schmales Tor aus Schmiedeeisen, in dem der Name und die Kaiserkrone verarbeitet sind, und eine Bodenplatte davor. 1253 wurde die Pfalz wie viele andere Gebäude in einem **verheerenden Feuer** verwüstet, weshalb man von ihr heutzutage nur noch Reste in den Kellern der Häuser am Vismarkt und unter dem Domplein

014ut-bs

findet. Viele der Häuser am Vismarkt haben noch einzelne Bauelemente aus dem Mittelalter.

Es ist belegt, dass an der Straße Vismarkt bereits um 1200 ein **Fischmarkt** stattgefunden hat, was diesen Ort zum ältesten Marktstandort der Stadt macht. Die Fische wurden frisch gehalten, indem man sie in Körben ins Wasser der Gracht hing.

Um 1650 versteigerte man auf der **Kalisbrug** in der Mitte der Straße den Fang und um den Händlern einen trockenen Platz zu bieten, wurde 1892 eine Dachkonstruktion angebracht. Diese wurde allerdings in der Zeit der deutschen Besatzung entfernt.

Das Marktvrouwtje erinnert an das Treiben, als hier noch Fischmarkt war

Als Besucher genießt man hier einen Spaziergang zwischen kleinen **Läden**, vielen **Cafés** und **Restaurants.** Unterhalb der Laternen stellen drei Reliefs verschiedene Motive des Fischhandels dar, allerdings sind zwei davon etwas schwierig zu sehen, da es hier keine Möglichkeit gibt, unten an der Gracht entlangzulaufen. Mit das beliebteste Fotomotiv ist die Statue einer Marktfrau, **„Marktvrouwtje"** von Theo van de Vathorst.

Der Vismarkt ist heute ein lebendiger und quirliger Ort. Wenn man sich nicht von den Geschäften und Menschen ablenken lässt, sieht man hier viele schöne Fassaden alter, teilweise sogar mittelalterlicher Gebäude. Die **Geschäfte, Cafés und Restaurants** sind sehr beliebt und werden gut besucht. Es ist also der ideale Ort, um Freunde zu treffen, etwas Besonderes einzukaufen oder von der Terrasse aus den Leuten zuzuschauen.

11 Stadhuis ★★ [F4]

Kaiser Karl V. ist es zu verdanken, dass das **Rathaus** seinen heutigen Standort hat. Bereits 1343 waren die Richter in das **Stadskasteel Hasenberg** eingezogen, aber die Stadträte residierten noch in einem anderen Gebäude. Kaiser Karl V. wollte jedoch die gesamte Stadtverwaltung unter einem Dach untergebracht wissen und ließ daher zwischen 1537 und 1546 zwei benachbarte Häuser umbauen.

Bei diesen Umbaumaßnahmen bekam Haus Hasenberg eine Renaissancefassade, während die beiden anderen Gebäude ihr mittelalterliches Äußeres behielten. Bis zum Beginn des 19. Jh. änderte sich daran auch nicht viel, doch dann sollte ein **neues Rathaus** die drei alten Gebäude ersetzen.

Das 1830 fertiggestellte und von der **klassischen griechischen Baukunst** inspirierte Rathaus war nötig geworden, da die Stadtverwaltung unter Napoleons Regierung viele neue Aufgaben dazubekommen hatte. 1848 wurde der Bau sogar noch einmal nach hinten erweitert. Doch da die Stadt immer größer und die Verwaltungstätigkeiten und Aufgaben der Stadtverwaltung immer komplexer wurden, mussten dennoch Dienste an anderer Stelle in der Stadt untergebracht werden, auch wenn man sich inzwischen quasi alle Gebäude des Blocks einverleibt hatte. 1957 wurde an der Vorderseite unter dem Dachgiebel ein Werk des Utrechter Künstlers **Pieter d'Hont** enthüllt. Die **fünf Figuren** stellen die Qualitäten einer guten Stadtverwaltung dar: Gerechtigkeit, Wachsamkeit, Macht, Umsicht und Glaube.

1997 kombinierte der spanische Architekt Enric Miralles alte Teile des Bauwerks mit moderner Architektur, was vor allem auf der Seite der Korte Minrebroederstraat gut zu sehen ist. Dieser Umbau war 2000 abgeschlossen. 2018/2019 wurde der gesamte Bau noch einmal renoviert, wobei man alte Elemente in ihren ursprünglichen Zustand zurückbrachte (teilweise wurden dafür bis zu 18 Lagen Farbe entfernt), während man das Gebäude gleichzeitig umweltbewusster gestalten wollte (z. B. durch doppelt verglaste Fenster, Sonnenkollektoren, bessere Isolierung). Seither kann der Stadtrat hier wieder tagen und das schöne Gebäude ist auch ein beliebter Ort für Eheschließungen. Im Foyer werden regelmäßig kostenlose **Ausstellungen** angeboten. Die Espressobar bietet günstige Kuchen und Getränke.

› Stadhuisbrug 1, Buslinie 2, 8, 28, 50, 73, 74, 77 (Neude), Tel. 14030, www.utrecht.nl/wonen-en-leven/vrije-tijd/stadhuis, Mo.–Mi., Fr. 8.30–17, Do. 8.30–21 Uhr

MEIN TIPP

Das Rathaus als Animation

Auf der Website https://bumos.nl/3dc kann man sich eine 3-D-Animation der Entstehungsgeschichte des Rathauses und der Brücke davor von fünf verschiedenen Standorten aus und während verschiedener Zeitabschnitte ansehen. Der Rundgang (*rondleiding*) ist allerdings nur mit niederländischen Kommentaren versehen. Man erhält einen guten Eindruck davon, wie die Stadt, die Oudegracht und das Rathaus zum jeweiligen Zeitpunkt ausgesehen haben.

12 Oudegracht ★★★ [F4]

Die Oudegracht ist die bekannteste Gracht Utrechts und gleichzeitig eine lebendige Geschäftsstraße voll interessanter Geschäfte, Kneipen und Restaurants. Sie zieht sich durch die gesamte Innenstadt.

Da die Flüsse Kromme Rijn und Vecht durch die schwankenden Wasserpegel teilweise schwer zu beschiffen waren, ging man bereits früh dazu über, Kanäle zu graben, um die Wasserwege zu sichern, denn schon seit Jahrhunderten lieferten Schiffe Vorräte, Materialien und Handelswaren in die Stadt und holten Waren zum Verkauf ab.

Der **älteste Teil der Oudegracht** stammt wohl schon aus der Zeit, als man um das römische Kastell eine Gracht aushob. Im 10. und 12. Jh. wurden weitere wesentliche Teile und der Vaartsche-Rijn-Kanal angelegt, damit Utrecht wichtiger Handelsposten bleiben konnte. Außer für den Handel

015ut-bs

nutzte man die Gracht und ihr Wasser auch, um Brände zu löschen, zum Bierbrauen und für die Ledergerberei.

Beim Bau der Gracht wurde die ausgegrabene Erde auf den Seiten aufgeschüttet. Auf diesen Erdhügeln wurden dann Straßen angelegt und an ihnen Häuser gebaut, die so vor Überschwemmungen geschützt waren. Die **Gebäude** dienten als Wohnhaus, Geschäftsstelle und Warenlager für die Händler. Handelswaren wurden über die Gracht angeliefert und mussten an bestimmten Stellen hinauf auf den Erdwall transportiert oder von einem Kran auf Straßenniveau hochgehoben und danach wieder in den Kellern der Häuser an der Gracht verstaut werden und umgekehrt. Irgendwann kam man dann auf die Idee, direkt von der Gracht aus Tunnel in die Keller der Grachtenhäuser zu graben und so entstanden die für Utrecht typischen **Gewölbekeller.** Sie waren möglich geworden, da man Ende des 13. Jh. ein Schleusensystem entwickelt hatte, mit dem sich der Wasserpegel der Gracht sicher regulieren ließ. Jetzt konnte man also direkt vor der eigenen Haustür Schiffe be- und entladen. Im 15. Jh. war so ein zwei Kilometer langer Hafen mit Anlegestellen und Speicherhallen entstanden. Die Gewölbekeller eigneten sich durch die Temperatur sehr gut als Vorratsspeicher und Lagerhallen.

Als im 16. und 17. Jh. das Straßenniveau noch einmal erhöht wurde, konnten auch die Gewölbekeller erhöht und ausgebaut werden. Anlegestelle und Gewölbekeller gehörten jeweils zu dem entsprechenden Haus an der Gracht und waren von den Nachbargrundstücken durch Zäune oder Mauern abgegrenzt. Ende des 19. Jh. verloren die Gewölbekeller dann ihre Funktion, da die Schifffahrt über die Gracht keine große Rolle mehr spielte. Um dem zunehmenden Verfall Einhalt zu gebieten, erwarb die Stadt Utrecht Mitte des 20. Jh. die Kais und Kaimauern und ließ alles nach und nach instandsetzen. Allerdings wurden erst zwischen 1984 und 1990 die letzten Abwasserleitungen verlegt, sodass die Abwässer aus den Grachtenhäusern und Gewölbekellern nicht mehr direkt in der Gracht entsorgt werden.

Bei der Renovierung der Kaimauern wurden die Abgrenzungen zwischen den Grundstücken niedergerissen und seither kann man unten am Wasser entlanggehen. Von den 1960er- bis Ende der 1980er-Jahre stellten verschiedene Künstler **Reliefbilder** her, die an den Mauern der Gewölbekeller, jeweils unterhalb von Straßenlaternen an der Oudegracht, Nieuwegracht, Drift und Plompeto-

An der Oudegracht (12) *reihen sich die Terrassen der Restaurants aneinander*

Stadskastelen – mittelalterliche Herrschaftshäuser an der Oudegracht

Während bei Nr. 133 an der Oudegracht eines der kleinsten Häuser der Stadt steht, sind das eigentlich Besondere an dieser Straße die großen, prächtigen Gebäude, denn zwischen 1175 und 1500 bauten hier zahlreiche adlige und Patrizierfamilien herrschaftliche Häuser. Auch wenn sie von außen mit Zinnen, Wehrgang und teilweise auch Schießscharten den Eindruck vermittelten, als seien sie für eine Belagerung geschaffen, musste man selten in bewaffneten Auseinandersetzungen seine Stellung behaupten. Hauptsächlich waren sie ein Statussymbol, mit dem man seine Stellung in der Gesellschaft unterstreichen konnte. Zu jener Zeit waren die meisten Gebäude in der Stadt noch aus Holz und hatten Reetdächer. Die Steinhäuser überragten sie um mehrere Stockwerke und waren weithin sichtbar. In dieser Zeit entstand auch der Ausdruck „steinreich sein", denn es zeugte von großem Reichtum, sich ein Haus aus Stein leisten zu können.

Die ersten dieser Häuser waren etwa 10 m breit, 25 m tief und 20 bis 25 m hoch. Nach 1300 nahm der verfügbare Raum ab, die Grundstücke wurden etwas kleiner, doch noch immer bauten die reichen Familien stattliche Gebäude. Zum jeweilen Hauptgebäude an der Gracht gehörten meist noch Nebengebäude. In ihnen wohnte man vor allem im Winter, da sie sich leichter heizen ließen, während die großen Gebäude oft als Warenlager, Speicher oder zu repräsentativen Zwecken dienten.

An der Oudegracht gibt es noch immer verschiedene Fassaden zu bewundern. Man muss sich nur die Mühe machen, nach oben zu blicken, denn oft lenken Werbung und Schaufenster der Geschäfte von der Schönheit der Gebäude ab.

Ein schönes Beispiel ist das „stadskasteel" **Oudaen** (Oudegracht 99), das Ende des 13. Jh. als Stammsitz der Familie Zoudenbalch gebaut wurde und 1395 in den Besitz der Familie Van Oudaen gelangte. Ursprünglich gehörte ein riesiges Grundstück zum Besitz, das bis zum Vredenburg-Platz reichte. Bei der Belagerung des Schlosses Vredenburg 1576/1577 wurden auf Oudaen Geschütze aufgestellt, um in Richtung Schloss zu schießen, allerdings wurde das Herrschaftshaus bei diesen Streitigkeiten schwer beschädigt. Bei den Renovierungsarbeiten 1580 wurden verschiedene Geschützkugeln in das Mauerwerk eingemauert, die noch heute zu sehen sind. 1758 kaufte die Diakonie der Hervormde Gemeente das Gebäude, um es in ein Alten- und Pflegeheim umzuwandeln. Der Giebelstein über dem Eingang erinnert noch daran. Danach kam es in den Besitz einer Studentenvereinigung und wurde 1986 als Restaurant wiedereröffnet. Im Inneren sind noch einige ursprüngliche Elemente erhalten geblieben.

Auch vom „stadskasteel" **Fresenburch** (Oudegracht 113) aus versuchte man, die Belagerung des Schlosses Vredenburg durch die Spanier zu durchbrechen und das Herrschaftshaus aus dem 13. Jh. wurde dabei schwer beschädigt. Bei einem Umbau 1858 entstand die heutige Fassade mit den eleganten Fenstern und Bögen. Das ursprüngliche Gebäude hatte eine Front mit zwei Türmen, für die man rotbraune und gelbe Backsteine verwendet hatte (zu sehen auf einem Relief unter einer Straßenlaterne vor dem Gebäude). Das kleinere Haus daneben (Nr. 111) war eigentlich ein Nebengebäude, ist allerdings seit 1569 eigenständig.

Groot Blankenburgh (Oudegracht 121) wurde in der zweiten Hälfte des 13. Jh. von einer reichen Patrizierfamilie errichtet. Auch dieses Grundstück reichte ursprünglich bis zur Vredenburg. Bereits 1350 wurde das oberste Stockwerk entfernt und nachdem die Rückwand durch Beschuss von der Vredenburg beschädigt worden war, wurden die Zinnen und der Wehrgang abgetragen. Etwa 1750 wurde der Treppengiebel entfernt und die heutige Fassade entstand. Dabei wurden auch die Löwenköpfe ganz oben im Giebel angebracht. Die beiden kleineren Nachbarhäuser waren Teil des Komplexes, wodurch die Vorderfront stattliche 21 m Breite betrug.

Von **Groot Groenwoude** (Oudegracht 151) sind noch die mittelalterlichen Seitenwände und Kellerräume erhalten. Von dem mit Zinnen ausgestatteten, vierstöckigen Herrschaftshaus aus dem Mittelalter ist nicht mehr viel sichtbar. Das oberste Stockwerk und die Zinnen wurden 1876 entfernt und vor der Jahrhundertwende wurde auch noch die Vorderseite des Hauses komplett erneuert. Auch dieses Gut reichte über das gesamte Viertel. Ein Zugang befand sich zwischen Steenweg 33 und 35. Das heutige Portal stammt aus dem 17. Jh. Die beiden sehr schmalen Häuser bei Oudegracht 153 und 155 gehörten ursprünglich auch zum Anwesen.

Vom „stadskasteel" **Drakenburg** (Oudegracht 114), das im Besitz der Ritter Van Drakenburg war, ist der im 14. Jh. gebaute Teil erhalten geblieben, den man vorne an das im 13. Jh. errichtete, ältere Haupthaus angebaut hatte. Letzteres wurde allerdings durch einen niedrigeren Bau ersetzt. Der Legende nach sollen die Herren Van Drakenburg und die Herren Van Oudaen, deren Stammsitz ja genau gegenüber lag, einander nicht sehr wohlgesonnen gewesen sein. Doch konnte der Unfriede zwischen ihnen aus dem Weg geräumt werden, als Frederick van Drakenburg 1425 eine Ehe mit Cornelia van Oudaen einging. Und noch heute feiern Hochzeitspaare ihre Liebe im Stadskasteel Oudaen. An der Kaimauer kann man eine Laternenkonsole mit einem Drachen finden, die für Drakenburg steht.

016ut-bs

Durchaus imponierend: das „stadskasteel" Oudaen vom Wasser aus gesehen

030ut-bs

◻ *Ohrenbetäubender Sound auch ohne Subwoofer: die Orchestrien im Museum Speelklok*

rengracht, angebracht sind und bei einem Spaziergang bewundert werden können.

Besonders gern wird der Raum an der Gracht zudem von den zahlreichen **Restaurants** genutzt, die im Sommer ihre Terrassen ans Wasser verlegen, und die Gäste wissen zu schätzen, dass man hier ungestört vom Verkehr seinen Wein oder ein gutes Essen genießen kann. Berühmt wurden diese Terrassen 1988, als für eine Verfolgungsjagd im Film „Amsterdamned" („Verfluchtes Amsterdam") auch einige Szenen, die man in Utrecht gedreht hatte, eingebaut wurden.

Die Oudegracht wird als Wasserweg heute noch von den Abfallbooten und den Booten, die die Restaurants bevorraten, genutzt. Ansonsten sind vor allem **Rundfahrtboote** und **Freizeitfahrer** unterwegs. Damit diese ungestört fahren können, müssen jedes Jahr etwa 3000 Fahrräder aus der Gracht gefischt werden.

⑬ Museum Speelklok ★★★ [F4]

Mitten im Einkaufseldorado der Stadt ist das Museum für selbstspielende Musikinstrumente eingerichtet. Der Eingang sieht vielleicht etwas bescheiden aus, das Museum selbst ist aber riesengroß, schließlich beherbergt es enorme Orchestrien, automatisch spielende Orchester, in der ehemaligen Buurkerk. Hier gibt es für Jung und Alt viel zu bestaunen und vor allem zu hören.

Zunächst geht die Kollektion des Museums zu den Anfängen der selbstspielenden Instrumente zurück. In den Niederlanden waren das die **Glocken der Kirchtürme** ab dem 16. Jh. Der Mechanismus wird bei einer Führung an einer offenen Konstruktion demonstriert.

Zudem zeigt das Museum reich verzierte **Standuhren** und auch recht fantasievolle **Spieluhren** und **Spieldosen** aus mehreren Jahrhunderten. Einige von ihnen wurden im Schwarzwald gefertigt. Weitere Ausstellungsstücke sind funktionstüchtige **Drehorgeln**, von tragbaren bis hin zu riesigen Jahrmarktsorgeln, die in ihrer aktiven Zeit die Menschen erfreuten.

Recht verrückt sind die mit Uhrwerken angetriebenen **Spielzeuge im XL-Format** für reiche Erwachsene. Ein Moor, der auf eine Leiter klettert, oder Van Gogh, der auf einem Stuhl sitzend seine Sonnenblumen malt.

Beeindruckend, schon wegen ihrer schieren Größe, sind die **Orchestrien.** Sie würden in kein Wohnzimmer passen, höchstens in Paläste und Tanzsäle. Die Instrumente mit ihren reich verzierten Fassaden wurden tatsächlich Woche für Woche auf- und wieder abgebaut, um an einem anderen Ort zum Tanz aufzuspielen – und zwar mit jeder Menge Dezibel. Noch heute sind einige dieser Orchestrien im Süden der Niederlande und in Belgien im Einsatz. Bei einer Führung werden auch einige dieser Orchestrien angespielt und kann man sich selbst vom reichen Klang und der Lautstärke überzeugen.

Ein echtes Juwel ist die **Violina.** Sie wurde als das achte Weltwunder angesehen: Eine Violine spielt automatisch technisch anspruchsvolle Werke. Wie das funktioniert und welchen Trick die Erfinder und Bauer der Violina angewendet haben, wird während einer Führung verraten.

Im Museumscafé Klok kann man gemütlich eine Kleinigkeit essen und ab und zu legt dann auch ein Musikautomat los und spielt ein Stück.

› Steenweg 6, Tel. 2312789, www.museumspeelklok.nl, Di.–So. 10–17 Uhr (in den Schulferien tgl.), Eintritt: 15,50 €, Kinder 4–12 Jahre 8 €, 13–17 Jahre 11,50 €, Kombiticket Domturm & Museum Speelklok: 22 €, 4–12 Jahre 12,50 €. Führungen auf Niederländisch und Englisch (auf Nachfrage manchmal auch auf Deutsch) starten jeweils zur halben Stunde und sind im Eintrittspreis inbegriffen.

14 Mariaplaats ★★ [F5]

Am und rund um den Mariaplaats findet man Cafés und interessante kleine Geschäfte. Im ehemaligen Kreuzgang der Mariakirche genießt man die Ruhe, während um einen herum die Studenten des Utrechter Konservatoriums zu ihrem Unterricht eilen.

Ursprünglich gehörte der größte Teil des Platzes zum Besitz der Mariakerk, bis zur Reformation hätte man sich hier also im selbst verwalteten Kirchenbezirk (der Immunität) der Mariakirche befunden. Der an die Immunität grenzende Platz war bereits früh als Marktplatz ausgewiesen worden, auf dem auch jahrhundertelang ein Jahrmarkt stattfand.

Von der Kirche ist nur ein Teil des ehemaligen **Kreuzgangs** (Pandhof Sinte Marie) übrig geblieben. Die Säulen und Sandsteinbögen stammen aus dem 11. und 12. Jh. Der dazugehörige **Klostergarten** wurde schön angelegt und verschiedene Sitzgelegenheiten laden zu einer Verschnaufpause ein.

An den Kreuzgang angebaut ist das ehemalige **Krankenhaus der Brüder von Johannes de Deo.** 1895 im neogotischen Stil errichtet, ist der Backsteinbau mit Bögen, einem Treppengiebel und Schmiedekunst aus Eisen verziert. Damit ist er ein repräsentatives Beispiel für die Krankenhäuser, die die Römisch-Katholische Kirche Ende des 19. Jahrhunderts errichten ließ. Das Gebäude besteht aus zwei im rechten Winkel zueinander stehenden Flügeln. Sie sind durch einen achteckigen Turm mit einer spitzen Haube verbunden. Auch die Kapelle ist noch erhalten. Heute ist hier das **Konservatorium** der Stadt Utrecht untergebracht.

Geht man vom Klostergarten links um die Ecke, findet man bei Mariahoek Nr. 16–18 den ehemaligen Eingang zum **Weisen- und Armenhaus** der Römisch-Katholischen Kirche und rechts davon (bei Nr. 15) den ehemaligen Eingang zum Altenheim.

Auf dem Platz vor dem Konservatorium steht eine **Wasserpumpe**, die aus dem Jahr 1844 erhalten geblieben ist, allerdings heute kein Wasser mehr fördert. Pumpen und Brunnen versorgten früher die Stadt mit Frischwasser, doch nicht überall war das Wasser sauber, deshalb wurden einige Wasserpumpen mit Mauern versehen. Als im 19. Jh. in Utrecht mehrere Cholera-Epidemien wüteten, war die Mariapumpe eine der wenigen, die sauberes Wasser lieferte. Sogar von außerhalb kamen Menschen, um hier Wasser zu holen. Aufgrund der Epidemien entschloss man sich, die Sache endlich gründlicher anzupacken und ein Leitungsnetz anzulegen. Allerdings dauerte es noch bis 1883, bis Frischwasser von Soestduinen in die Stadt floss. Auch die öffentlichen Wasserpumpen wurden an das Leitungsnetz angeschlossen, bis diese schließlich im Laufe des 20. Jh. alle aus dem Stadtbild verschwanden.

15 Het Duitse Huis ★★ [F5]

Vom Springweg aus findet man etwas versteckt hinter einer Mauer den Gebäudekomplex, der einst Kloster und Hauptquartier des Deutschen Ordens in der Ballei (Ritterordensbezirk) von Utrecht und Hauptsitz des Landkomturs des Ordens war.

Das erste Kloster und Hauptquartier wurde 1231 erbaut und lag außerhalb der Stadtmauern. Der **Ritterorden** hatte das Land als Schenkung erhalten, um den Aufgaben, den Glauben zu verteidigen und Kranken und Schwachen zu helfen, nachzugehen. Nachdem das Kloster jedoch geplündert worden war, entschloss man sich **Mitte des 14. Jh.**, einen neuen Hauptsitz innerhalb der Stadtmauern zu bauen. Der Orden hatte zu diesem Zeitpunkt bereits reiche Besitztümer in den nördlichen Niederlanden zu verwalten. Die ältesten Gebäudeteile stammen noch aus dieser Zeit.

Zu dem Hauptgebäude gehörten verschiedene **Nebengebäude** und eine **Kirche**, doch diese stürzte im verheerenden Sturm von 1674 ein. Mit der **Reformation** wurde auch das Klosterleben verboten. Fortan durften nur noch Mitglieder protestantischer Adelsfamilien dem Orden beitreten.

1806 wurde Ludwig Napoleon, der jüngere Bruder von Kaiser Napoleon, König von Holland und zwang 1807 den Ritterorden, den Besitz zu verkaufen, weil er das Finanzministerium darin unterbringen wollte. Das Deutsche Haus wurde allerdings in ein **Militärhospital** umfunktioniert. Beim Verkauf hatte sich der Deutsche Orden ausbedungen, dass der Orden bei einem etwaigen Wiederverkauf das Vorkaufsrecht erhalten würde. Erst 1992 konnte man einen Teil der völlig heruntergewirtschafteten Gebäude zurückkaufen, um wieder dort einzuziehen. Es sind die Gebäude an der rechten Seite des Innenhofs, wenn man das Areal vom Springweg aus betritt. Heute unterstützt der Ritterorden als **karitativer Vermögensfond** soziale Projekte und bietet individuelle Nothilfe.

Ein großer Teil des Gebäudekomplexes war dennoch lange dem Verfall überlassen, bis auch er in den 1990er-Jahren aufwendig restauriert wurde. Die Krankensäle wurden zu den großzügigen Zimmern und Suiten des **Fünfsternehotels Karel V**

Wie die Reliquien des Doms in den Besitz der Altkatholiken kamen

Es war abzusehen, dass die Protestanten auch in Utrecht die Überhand gewinnen würden. Um die kostbaren Reliquien St. Martins und anderer Heiliger aus dem Dom 1 zu schützen, wurden diese heimlich aus ihren kostbaren, verzierten Behältnissen herausgenommen, einfacher und unauffälliger umhüllt und auf verschiedene andere (versteckte) Kirchen verteilt, denn die Protestanten hatten mit dieser Art von Verehrung nichts am Hut, während die Katholiken über Jahrhunderte mit den Pilgern, die die Reliquien besuchen wollten, gutes Geld gemacht hatten.

Einige der kostbaren Reliquien kamen so in den Besitz der Geertekerk-Gemeinde, die Anfang des 17. Jh. die versteckte Kirche Sinte Gertrudis errichtete, für die man einige Häuser der Kapitulare der Mariakerk umgebaute. Es ist eine Besonderheit der Reformation in den Niederlanden, dass die öffentliche Ausübung des katholischen Glaubens zwar verboten war, doch wenn dies hinter verschlossenen Türen stattfand, war es den Gläubigen möglich, katholische Messen zu feiern und ihren Glauben zu leben. Dazu wurden Wohnhäuser so umgebaut, dass von außen nicht ersichtlich war, dass es sich hier in Wirklichkeit um eine Kirche handelt. Diese versteckten Kirchen wurden „schuilkerken" genannt. Ein schönes Beispiel ist die Maria Minor. Ab dem 17. Jh. wurde das Huis Claerenburg als katholische, ab 1723 als altkatholische „schuilkerk" verwendet und im 19. Jh. dann offiziell zur Kirche Maria Minor. 1989 verkaufte die Kirche das Gebäude, das seit 2007 das Belgisch Biercafé Olivier (s. S. 86) beherbergt.

Bereits ab der Reformation deuteten sich Konflikte zwischen verschiedenen Richtungen innerhalb der Katholischen Kirche an, was 1723 zur endgültigen Abspaltung der Altkatholiken führte. Damals wurde die Sinte-Gertrudis-Kirche zur Hauptkirche der Altkatholiken und zum Bischofssitz. Die ursprüngliche Sinte-Gertrudis-Kirche ist heute eine Kapelle, die zur Sinte-Gertrudis-Kathedrale gehört. Letztere wurde von 1912 bis 1914 gebaut, da dringend mehr Platz für die Gläubigen nötig war. Die neoromanische Kirche (nicht neogotisch, denn das wurde mit dem römisch-katholischen Glauben in Verbindung gebracht und als überheblich empfunden) ist reich und farbenfroh bemalt. Auch die Mosaike leuchten in vielen Farben.

Da die Gemeinde bis auf das Mittelalter zurückgeht, haben sich eine ganze Menge wundervoller Kunstschätze angesammelt. Die Altkatholische Glaubensgemeinschaft legt allerdings weniger Wert auf die Verehrung von Reliquien und so gerieten einige von ihnen etwas in Vergessenheit, bis sie bei archäologischen Nachforschungen 2011 untersucht und katalogisiert wurden. Einige Stücke sind im Catharijneconvent 20 zu bewundern, andere Reliquienschätze befinden sich noch in der Kirche und können im Rahmen des Programms Kerken kijken (www.kerkenkijken.nl) bei einer Führung besichtigt werden. Ob und wie viele Führungen möglich sind, hängt von der Zahl der anwesenden freiwilligen Mitarbeiter ab. Informationen dazu erhält man direkt in der Kirche oder auf der Website von Kerken kijken.

★1 [F5] **Sinte-Gertrudiskathedraal,** Willemsplantsoen 2, https://utrecht.oudkatholiek.nl, Sa. 13–16 Uhr

Grand (s. S. 126), einem dazugehörigen eleganten **Restaurant** und einer hochklassigen **Brasserie** umgebaut. Der Name des Hotels und Restaurants geht zurück auf Kaiser Karl V., der mit seiner Schwester Maria von Ungarn 1545/1546 an den Kapitelsitzungen des Ordens vom Goldenen Vlies teilnahm.

2007 wurde ein weiterer Gebäudeflügel des Hotels renoviert, der an ein römisches Gräberfeld grenzt. Man nimmt an, dass hier die Erbauer des Römerkastells begraben liegen. Überall im Gebäude findet man authentische Details oder ausgestellte archäologische Funde.

Beliebt sind das Restaurant und die Brasserie vor allem bei schönem Wetter, weil man abgeschirmt vom Betrieb auf dem Springweg im Hof oder im stilvoll angelegten Garten draußen sitzen kann.

› **RDO Balije van Utrecht,** Springweg 25, www.rdo.nl

› **Restaurant und Brasserie:** Tel. 2337555, www.karelv.nl/goeie-louisa, Restaurant Mo.–Sa. 18–22 Uhr, Brasserie Di.–Fr. 8.30–22, Sa., So. 9–22 Uhr

16 De Zeven Steegjes ★★★ [G7]

„Volksbuurt", Volksviertel, wurden die Viertel genannt, in denen vor allem arme (Arbeiter-)Familien mit vielen Kindern wohnten. Weil die Häuser klein und die Familien groß waren, spielte sich das Leben auf der Straße ab. Die sieben kleinen Gassen zwischen Oudegracht, Geertekerk, Pelmolenweg und Martinuskerk sind eines der wenigen übrig gebliebenen Beispiele eines solchen Viertels.

Die katholische Armenfürsorge errichtete zwischen 1843 und 1860 in diesem Viertel **kleine Wohnungen für Arbeiterfamilien** und Familien, die auf die Armenfürsorge angewiesen waren. Man musste sich eine Toilette vor dem Haus teilen und es gab auch keine Küche, aber immerhin boten die Häuschen guten Wohnraum. Die meisten Arbeiter, die hier wohnten, waren in der an das Gebiet angrenzenden Brauerei oder der Zigarettenfabrik angestellt.

1952 kaufte die Stadt das ganze Areal. Zuallererst wurde daraufhin in jede Wohnung eine Toilette eingebaut. Im Abstand von jeweils zwanzig Jahren folgten zwei weitere Renovierungen und dann hatten die Wohnungen endlich auch eine Einbauküche und eine Dusche.

018ut-bs

Gemütlichkeit ist Trumpf in den Zeven Steegjes

Weil man so dicht aufeinander lebte, war der **Zusammenhalt im Viertel** groß, aber im Gegenzug auch die soziale Kontrolle. Man bekam einfach alles von den Nachbarn mit. Alle wussten immer, was los war, Geheimnisse ließen sich da eher schwer bewahren. Aber man unterstützte sich auch gegenseitig, wenn jemand krank oder sonst in eine Notlage geraten war. Vielen Bewohnern war es wichtig, dass das Viertel ein Ort war, wo sich alle zu Hause fühlen konnten. Also war auch das Stadtteilbüro ein wichtiger Treffpunkt, wo man gesellig zusammensitzen oder einer Aktivität nachgehen konnte, sowohl für die Kinder als auch die Erwachsenen.

Heute kann man durch die schmalen Gassen schlendern und die hübschen kleinen Häuschen betrachten, in denen teilweise noch die Nachkommen der ursprünglichen Bewohner des Viertels wohnen.

› Korte Rozendaal, Lange Rozendaal, Kockstraat, Brouwerstraat, Boogstraat, Moutstraat, Suikerstraat, Fockstraat

17 Centraal Museum ★★★ [H7]

Bereits 1838 wurden im obersten Stockwerk des Rathauses alte und neue Gemälde, die zum größten Teil von Utrechter Künstlern geschaffen wurden oder Utrechter Motive zeigten, ausgestellt – jeden Mittwoch für eineinhalb Stunden. Diese Ausstellung war die erste ihrer Art in den Niederlanden. Nach einem stetigen Wachstum der Kollektion wurde es mit anderen Museen der Stadt zum Centraal Museum im ehemaligen Agnietenklooster zusammengefügt.

Das Museum hat eine breit gefächerte Sammlung. An Gemälden zeigt es sowohl historische Werke, darunter solche der **Utrechter Caravaggisten,** aber auch moderne und zeitgenössische Kunst, vor allem Utrechter Künstler. Auch die weltweit größte Kollektion des Künstlers **Gerrit Rietveld** und seiner Kollegen aus der Künstlergruppe **De Stijl,** die in Form und Inhalt dem deutschen Bauhaus, mit denen sie auch in Kontakt standen, verglichen werden kann, nennt das Centraal Museum sein Eigen. Prunkstück ist einer der bekanntesten Stühle überhaupt, der Rot-Blaue Stuhl von Rietveld (s. S. 62), den dieser ursprünglich ohne Farbzusätze baute. Ein weiterer Teil der Sammlung besteht aus Kunsthandwerk, Design, Schmuck und Kleidung, darunter Kollektionen der Modedesigner **Viktor und Rolf.**

Ein besonderes Ausstellungsstück befindet sich im Keller: Das **Utrechtse Schip** (Utrechter Schiff) ist 17,80 m lang, 3,80 m breit, hat ungeladen einen Tiefgang von nur 42 cm und geladen bis zu 70 cm. Es wurde aus Eichenholz gebaut und wiegt 10,4 t. Das Frachtschiff kann rund 13 t Ladung aufnehmen und stammt etwa aus dem Jahr 1000. Gefunden wurde es im Jahr 1930 an der Van Hoornekade, als man das neue Stadtviertel Zuilen baute. Man grub es aus, konservierte es mit Carbolineum (daher der gewisse Geruch) und Leinöl, um es dann 1936 im Centraal Museum auszustellen.

› Agnietenstraat 1, Buslinie 2 (Centraal Museum), www.centraalmuseum.nl, Di.–So. 11–17 Uhr, Eintritt: 16,50 €, 13–17 Jahre 8 €

› **Museumcafé Centraal,** Di.–So. 10.30–17 Uhr. Der Besuch des Cafés ist auch unabhängig vom Museumsbesuch möglich.

[›] *Mehr als ein Kino: der Louis Hardloper Komplex*

Mein Tipp

Louis Hartlooper Complex

Zu den beliebtesten Spots für einen interessanten Abend gehört das Filmtheater Louis Hartlooper Complex, wo man natürlich einfach einen Kinofilm ansehen kann, aber das LHC ist auch ein beliebter Treffpunkt, weil man auf der Terrasse einen angenehmen Abend verbringen kann.

Die ehemalige Polizeiwache wurde von dem Architekten J.I. Planjer im Stil der **Amsterdamse School** gebaut und 1928 in Gebrauch genommen. Auch die Brücke und die Bushaltestelle daneben gehörten zum Gesamtentwurf. Typisch für diese Architekturrichtung sind die Verwendung von roten Backsteinen und das Formenspiel in der Fassade durch die Richtung, in der die Backsteine verbaut wurden, sowie hervorspringende oder zurücktretende Fassadenelemente. 2001 erhielt das seit 1999 leerstehende Gebäude eine neue Bestimmung als Kultureinrichtung, woraufhin die Umbauarbeiten für das **Filmtheater** begannen. Doch auch innen sind einige ursprüngliche Details erhalten geblieben. 2004 konnte der Betrieb des Filmtheaters aufgenommen werden und seither ist das LHC nicht mehr aus dem kulturellen Leben der Stadt wegzudenken. Ein Restaurant und zwei Cafés/Bars versorgen die Gäste mit Speis und Trank. Der Ort ist beliebt und dementsprechend groß ist dann auch der Andrang am Abend.

Der Durchgang auf der Südseite führt auf den Fußgänger- und Radweg entlang der Singelgracht, die die Innenstadt umschließt. In dem Durchgang hängt auch ein 1995 angebrachtes **Reliefbild** der Zugangstore zur mittelalterlichen Innenstadt am Tolsteeg. Das Relief, „'t Oude Tollesteeghpoort" („Das alte Tolsteegtor") genannt, beruht auf einer Darstellung aus dem Beginn des 16. Jh. Bis 1550 bildeten zwei Brücken mit zwei Stadttoren den südlichen Zugang zur Stadt. Danach wurden die beiden Tore zu einem zusammengefügt, das zusammen mit Catharijnepoort, Weerdpoort und Wittevrouwenpoort einen der vier Zugänge zur Stadt bildete und Teil der mittelalterlichen Stadtverteidigung war. Das Tor stand genau in der Mitte zwischen den Bastionen Sterrenburg und Manenburg, sodass es im Falle eines Angriffs von diesen Türmen aus verteidigt werden konnte. Mitte des 19. Jh. wurde das Tor abgerissen und heutzutage befindet sich an der Stelle ein großer Platz, auf dem neben dem LHC noch zwei Restaurants ihre Terrassen betreiben.

K **2** [G7] **Louis Hartlooper Complex,** Tolsteegbrug 1, Buslinie 2 (Tolsteegbrug), Tel. 2004400, www.hartlooper.nl, Küche 12–21 Uhr (Lunch- und Dinnerkarte)

019ut-bs

Utrechter Drachen und Utrechter Caravaggisten

Im Mittelalter war Utrecht das geistige und politische Zentrum der nördlichen Niederlande – und damit auch der kulturelle Mittelpunkt. Es gab in der Stadt eine recht aktive Gruppe von Malern, deren Gemälde aber leider praktisch alle verloren gegangen sind. Eine typische Utrechter Besonderheit ist allerdings bewahrt geblieben, die Utrechter Drachen. Vor allem im 15. Jh. wurden in mittelalterlichen Handschriften oftmals Drachen in Initialen gemalt.

Bis ins 16. Jh. lief die Entwicklung der Malerei in den beiden niederländischen Zentren für Malerei, Haarlem und Utrecht, praktisch gleichauf. Es wurde sogar von einer Utrechter Schule gesprochen, doch dann spaltete sich die Entwicklung auf. Während sich im 17. Jh. der Malstil in Haarlem so langsam in Richtung der typischen holländischen Malerei des Goldenen Zeitalters entwickelte, gingen die Künstler in Utrecht einen ganz anderen Weg. Sie zog es schon seit längerer Zeit nach Italien. Dort waren einige von ihnen von Caravaggio gebannt, der naturalistischer malte als seine barocken Zeitgenossen. Das Revolutionäre seiner Malerei bestand aber vor allem in der Technik des Chiaroscuro (franz. Clair-obscur): Er erzielte mit einem starken Hell-Dunkel-Kontrast eine enorme Tiefenwirkung und konnte so das Auge des Betrachters ganz neu lenken. Er wurde zum Vorbild für Maler in mehreren europäischen Ländern.

In den Niederlanden waren es nur die Utrechter, die diesen Stil ins Land brachten und berühmt machten. Als wichtigste seien Hendrick ter Brugghen, Dirck van Baburen und Gerard van Honthorst genannt. Das Gemälde „De koppenaarster" („Die Kupplerin") des Letztgenannten aus dem Jahr 1625 ist das vielleicht bekannteste Werk dieser Stilrichtung. Es hängt im Centraal Museum (17).

Letztendlich hat dieser Utrechter Sonderweg in der Malerei Künstler wie Rembrandt, Frans Hals und Johannes Vermeer stark beeinflusst. Einen wirklichen internationalen Namen haben sich Utrechter Maler nach den Caravaggisten aber nicht mehr gemacht.

(18) Fundatie van Renswoude ★ [H7]

Nach ihrem Tod im Jahr 1754 hinterließ Maria Duyst van Voorhout, Vrijvrouwe van Renswoude, der Fundatie van Renswoude ein Erbe von eineinhalb Millionen Gulden. Mit dem enormen Kapital der Freifrau unterstützte die Stiftung Waisenhäuser in Delft, Den Haag und Utrecht. Man wollte Waisenkindern Bildungswege ermöglichen, die ihnen ansonsten nicht offengestanden hätten. Waisenjungen, die sich durch ihre Vernunft, Klugheit und Schlauheit hervortaten, sollten in künstlerischen oder technischen Fächern unterrichtet werden.

Biegt man in die Lange Nieuwstraat ein, sollte man bei den Beyerskameren (s. S. 48) einen Blick zurück auf das stattliche Gebäude der Fundatie van Renswoude werfen. Es wurde an das Stadsambachtskinderhuis (heute Centraal Museum (17)) angeschlossen. Zwischen 1759 und 1763 entstand ein **prächtiges Gebäude**, in dem Schüler in Malerei, Physik, Straßen- und Wasserbau, Landvermessung, technischen Berufen oder Instrumentenbau unterrichtet werden konnten. Ein Stiftungsgremium wählte die zukünftigen Schüler aus. Klug und vernünftig mussten diese sein, außerdem war die Fähigkeit, zeichnen und malen zu können, eine Voraussetzung für alle Ausbildungen.

Bis Ende des 19. Jh. erfüllte die Stiftung ihre Rolle als **Bildungsträger.** Danach war das staatliche Bildungswesen so gut aufgebaut, dass man keine Schüler mehr unterrichten musste. Inzwischen vergibt die Stiftung **Stipendien** für Utrechter Jugendliche, die durch besondere Umstände ihre Ausbildung an einer Fachhochschule oder Universität nicht finanzieren können.

Die Besonderheit des Gebäudes ist, dass zahlreiche ursprüngliche **Einrichtungselemente und Kunstgegenstände aus dem 18. Jahrhundert** in gutem Zustand erhalten geblieben sind. Die Küche, ein Lehrsaal, der Porträtsaal, das Sekretariat und vor allem der Regentenzaal mit seinem einmaligen Rokokointerieur führten dazu, dass Fundatie van Renswoude zu den Spitzendenkmälern der Niederlande gehört. Die verschiedenen Säle können für Veranstaltungen gemietet werden. Besichtigungen sind zu besonderen Anlässen wie Open Monumentendag, Open Tuinendag, Kamermuziekfestival, Festival Oude Muziek (s. S. 95) und bei Veranstaltungen in Zusammenarbeit mit dem Museum Catharijneconvent 20 möglich.

› Agnietenstraat 5, Buslinie 2 (Centraal Museum), Tel. 2310351, www.fundatievanrenswoude-utrecht.nl

19 Sonnenborgh – Museum und Sternwarte ★★ [H6]

1552 ließ Karl V. mehrere Bastionen bauen. Unter ihnen war die Bastion Sonnenborgh, die im Lauf ihrer Geschichte unterschiedlichen Gelehrten als Forschungsort diente.

Der Innengarten wurde von 1639 bis 1724 als Kräutergarten der Universität verwendet. Der Magistrat erteilte dem deutschen Apotheker **Johann Conrad Barchusen** am 16. September 1694 die Erlaubnis, Kurse in Chemie zu geben, obwohl Barchusen, der nie studiert hatte, dafür eigentlich nicht die nötigen Papiere hatte. Schon ein halbes Jahr später, am 8. April 1695 erhielt er ein eigenes Laboratorium in der Bastion. 1698 wurde er zum Ehrendoktor ernannt und erhielt einen Lehrauftrag für Medizin. Barchusen, am 19. März 1703 zum

020ut-bs

› *Unendliche Weiten: Sterneggucken in der Sternwarte*

Godskameren und Hofjes – Armenfürsorge in Utrecht

Godskameren („Gotteszimmer“) sind kleine Wohnungen, die vom Ende des 14. bis zum 19. Jh. von reichen Bürgern für bedürftige und alte Menschen gestiftet wurden. Mit Spenden und der Hilfe für die Armen wollten reiche Bürger Gott dienen und dafür sorgen, dass ihr Seelenheil gesichert war. Manchmal wurden auch noch weitere Spenden und Almosen wie etwa Essen oder Holz zum Heizen zur Verfügung gestellt. Teilweise war das Wohnen in den Godskameren mit Auflagen verbunden, z. B. dass man einen bestimmten Lebenswandel zu führen oder bestimmte Dinge zu tun beziehungsweise zu unterlassen hatte. Die Häuschen bestanden normalerweise nur aus einem Zimmer und einem Dachboden und die meisten Wohltäter stifteten gleich eine ganze Reihe. Einige können heute noch besichtigt werden, allerdings nur von außen, denn sie wurden in Mietwohnungen umgewandelt.

Hofjes, kleine Wohnungen, die um einen Innenhof gebaut sind, entstanden in Utrecht meist später als die „Kameren“, nämlich im 19. und frühen 20. Jh. Oft entstanden sie als Überbleibsel von aufgelösten Klöstern. Sie wurden aber auch für Arbeiterfamilien gestiftet.

★**3** [H6] **Beyerskameren,** Lange Nieuwstraat/Ecke Agnietenstraat. Die ersten 12 Häuser wurden 1597 gestiftet. 1650 wurden um die Ecke (Agnietenstraat) noch einmal zwei Gebäude angebaut. Die Bewohner sollten auch Lebensmittel bekommen, außerdem sollten Mädchen eine Aussteuer erhalten und jungen Burschen eine Handwerkerausbildung ermöglicht werden. Etwas Besonderes waren die Plumpsklos in den Häusern, da man sich sonst meist eine Toilette im Hof teilen musste. Spätere Umbaumaßnahmen wurden finanziert, indem man die Zuwendungen strich und eine winzige Miete verlangte. Dafür wurden die Räume modernisiert, wobei der ursprüngliche Charakter erhalten geblieben ist.

★**4** [H6] **De Kameren van Maria van Pallaes,** Agnietenstraat. Die reiche Witwe Maria van Pallaes gründete kurz vor ihrem Tod eine Stiftung zum Bau von Häusern für Arme. Sie hatten eine kleine Eingangshalle, ein Zimmer im Erdgeschoss und ein Zimmer im ersten Stock und wurden immer an zwei Personen (ein Ehepaar oder zwei Frauen bzw. zwei Männer) vergeben. Verstarb einer der Bewohner, musste der Übriggebliebene ausziehen. In den 1960er-Jahren wurden die Gebäude der Utrechter Denkmalbehörde übertragen, die sie renovierte.

★**5** [H5] **De Bruntskameren und Bruntenhof,** Bruntenhof 5, 6–16, Bruntensteeg 2 und 3, Eingang Garten Schalkwijkerstraat 32. 1621 ließ der Anwalt Frederik Brunt 15 Armenwohnungen errichten und bestimmte, dass auch Lebensmittel und Heizmaterial ausgegeben werden sollten. Obwohl nicht so im Testament verfügt, gingen Brunts Nachfolger davon aus, dass die Armen wie Brunt römisch-katholischen Glaubens sein sollten. 1976 wurde der Komplex von der Denkmalbehörde übernommen, die bei Renovierungsarbeiten von 1979 bis 1983 u. a. jeweils eine Küche anbaute. Im Garten im Innenhof wurde 1979 ein Ehrenmal für den Schriftsteller

C.S.C. Crone aufgestellt. Der Mann mit der Trompete stammt aus einer seiner Erzählungen.

★6 [G6] **De Myropscameren,** Springweg 110–130. Die zweistöckigen Häuser entstanden 1583 durch den Umbau von Nebengebäuden, die zum Regulierenklooster aus dem 13. Jh. gehört hatten. Durch die Höhe der Gebäude konnte man ein weiteres Stockwerk und entsprechend mehrere Zimmer einbauen. Da die Häuser sehr unterschiedlich aussahen, wurden sie rot angemalt, um eine einheitlichere Ansicht zu erreichen und den Eindruck zu erwecken, hier stünden ganz normale Backsteinhäuser. Ihre weiße Farbe erhielten sie erst, als die Utrechter Denkmalbehörde sie zwischen 1979 und 1981 gründlich renovieren und vergrößern ließ.

★7 [H7] **Gronsveltkameren,** Nicolaasdwarsstraat 1–6. Die sechs Gronsveltkameren wurden 1652 durch den Nachlass von Johan van Gronsvelt finanziert und standen ursprünglich in der Agnietenstraat. Den Töchtern des Verwalters war das Amt zu lästig und sie übertrugen die Häuser nach seinem Tod der katholischen Armenfürsorge. Sein Sohn erkämpfte sich 1733 gerichtlich die Verwaltung von zwei Wohnungen zurück. 1746 spaltete sich dann die Armenfürsorge in einen römisch-katholischen und einen altkatholischen Zweig auf, weshalb die sechs „kameren“ nun drei Eigentümer hatten. 1756 mussten die Gebäude der Fundatie van Renswoude Platz machen. Die Stiftung ließ die Häuschen auf ihre Kosten an der einen Stelle ab- und an der Nicolaaskerk wieder aufbauen. 1982 wurden die Häuser von der Stadt renoviert.

ersten außerordentlichen Professor für Chemie ernannt, war der erste, der sich strikt an die Chemie hielt, die bis dahin als Unterfach der Medizin galt.

Von Sonnenborgh aus notierte **Frederick Wilhelm Krecke** ab dem 1. Dezember 1849 regelmäßige Wetterbeobachtungen und der außerordentliche Professor für Experimentalphysik **Christoph Buys Ballo** gründete 1853 eine **Sternwarte.** (Er bewies unter anderem das Phänomen des Dopplereffekts und formulierte das Barische Windgesetz.) Die Gründung der Sternwarte führte 1854 zur Gründung des **Königlich-Niederländischen Meteorologischen Instituts (KNMI).** 1897 zog das KNMI nach De Bilt um. Es liefert auch heute noch den Wetterbericht bei den Radio- und Fernsehnachrichten der öffentlich-rechtlichen Sender. Die Sternwarte blieb in der Bastion und ist bis zum heutigen Tag aktiv in Dienst. Der Besucher bekommt in Sonnenborgh eigentlich gleich drei Museen in einem Gebäude zu sehen. Zum einen ist da die **mittelalterliche Bastion,** die als eine der am besten erhaltenen in Europa gilt. Hier werden noch Schießscharten mit Kanonen und Originalräume sowie Gegenstände aus dem chemischen Labor Barchusens, die bei archäologischen Grabungen zwischen 1998 und 2003 gefunden wurden, gezeigt.

Dann gibt es die Ausstellung der **Sternwarte.** Hier erfährt man auch auf spielerische und interaktive Weise Interessantes über das Weltall. Im **Meridiaanzaal** wird die exakte Zeit für Utrecht festgestellt und im Sonnenlaboratorium – wie der Name schon vermuten lässt – der Sonne besondere Aufmerksamkeit gewidmet. Hier wurde auch ihre Zusammensetzung wissenschaftlich erkundet. An bestimmten Abenden kann man auch durch die Teleskope die Sonne, Planeten und Sterne betrachten.

Als drittes wird in Sonnenborgh vor allem anhand von Schautafeln die **Geschichte des Meteorologischen Instituts** und ihres Gründers Christoph Buys Ballo erläutert.

› Zonnenburg 2, Buslinie 2 (Centraal Museum), Tel. 8201420, www.sonnenborgh.nl, Di.–Fr. 11–17 Uhr, So. 13–17 Uhr, Sterne schauen: Okt.–März Fr., Sa., Sonne: So. 13–17 Uhr, Eintritt: 10 €, Kinder 4–17 Jahre 6,50 € (nur Kartenzahlung). Der Blick durch die Teleskope muss auf der Website (frühzeitig!) vorgebucht werden. Es gibt Abende für Besucher ab 13 Jahren (15 €), aber auch gesonderte Abende für Kinder von 6 bis 12 Jahren (15 € Kinder, 15 € erwachsene Begleitung).

Das Catharijneconvent gilt als das wichtigste Museum für religiöse Kunst in den Niederlanden

20 Museum Catharijneconvent ★★★ [G5]

Das Museum Catharijneconvent beherbergt die größte und wichtigste Sammlung christlich-religiöser Kunst in den Niederlanden und ging aus einer Schenkung Karls V. an den Johanniterorden hervor.

Im 14. Jh. fing die Geschichte dieses Ortes mit einem Obdachlosenheim an. Im 15. Jahrhundert übernahmen Karmelitinnen das Heim und begannen, ein Kloster mit Kirche zu bauen. Doch als 1529 der Johanniterorden enteignet wurde und das Kloster an der heutigen Vredenburg verlassen musste, erhielt er von Karl V., der jetzt über Utrecht herrschte, das Karmelitinnenkloster mit dem ehemaligem Obdachlosenheim und weitere umliegende Gebäude.

Die Johanniter vollendeten den Bau des Klosters und richteten ein Krankenhaus mit 24 Betten ein. Es war zu

021ut-bs

dieser Zeit das größte Krankenhaus der Stadt. Mit der Gründung der Rijksuniversiteit Utrecht wurde das Catharijnegasthuis 1636 Universitätskrankenhaus. Bis ins 19. Jh. hinein wurden hier Kranke verpflegt.

Auch den Bau der Kirche vollendeten die Johanniter. Sie wurde 1560 fertiggestellt und der Schutzheiligen Katharina von Alexandrien geweiht, weshalb Kirche und Kloster die Namen St. Catharinakerk und Catharijneconvent erhielten. Die Kirche war das letzte mittelalterliche Gotteshaus in Utrecht. Während der Reformation ging es in protestantischen Besitz über und alle in den Augen der Protestanten überflüssigen Verzierungen wurden entfernt. Erst 1840 erhielten die Katholiken die Kirche zurück.

Als 1853 das Erzbistum Utrecht erneut eingerichtet wurde, wurde die Kirche zur Kathedrale erhoben, gründlich renoviert und neu ausgestattet. Von 1955 bis 1970 wurden alle neogotischen Verzierungen entfernt, alles wurde wieder schlicht, doch um die Jahrtausendwende wurden einige Kunstwerke erneut hervorgeholt und kommen jetzt in der Kirche schön zur Geltung. Seit 1979 dient das Gebäude als **Museum.** Die **Kollektion** des Museums besteht aus Bildhauerarbeiten und Skulpturen aus Holz und (Edel-)steinen, aus Altarstücken und großen Plastiken, Gemälden, Handschriften und alten Drucken (u. a. alte Bibeln und reich verzierte Gebetbücher), aus Textilien (u. a. Bischofsgewänder), Gold- und Edelschmiedearbeiten (u. a. reich verzierte mittelalterliche Reliquienschreine, Monstranzen). Alle Ausstellungsstücke sind in einem hervorragend konservierten Zustand. Die Farben kommen frisch und deutlich daher, als hätte sie der Künstler gerade erst aufgetragen. Dies gilt auch für die großflächigen Triptychen und Altarstücke. Der Theodosiar-Altar mit seiner speziellen Form der Hintergrundmalerei erscheint dabei wie ein moderner Comic.

Zu den ausgestellten Künstlern gehören u. a. Albrecht Dürer, Lucas Cranach (mit seinem berühmten Luther-Porträt) und Rembrandt van Rjjn.

› Lange Nieuwstraat 38, Buslinie 2 (Catharijneconvent), Tel. 2313835, www.catharijneconvent.nl, Di.–Fr. 10–17, Sa., So. 11–17 Uhr, Eintritt: 15 €, 65+ 13,50 € (nur Kartenzahlung)

Monstranzenraub im Catharijneconvent

Am 29. Januar 2013 schlugen erst die Diebe zu und dann das blanke Entsetzen. Mitten am Tag wurde aus der Schatzkammer des Catharijneconvent (20) eine Monstranz, geschaffen von Johannes Petrus Antonius Verschuylen, einem belgischen Edelschmied aus dem 19 Jh., gestohlen. Ihr Wert wurde auf 250.000 € geschätzt – „nur" eine Viertelmillion, denn das auch in seinen Maßen eindrucksvolle sakrale Kunstwerk war nicht wirklich aus Gold, sondern nur versilbert. Zu dumm auch für die Diebe, dass sie nach wenigen Wochen schon gefasst wurden und die Monstranz, wenn auch leicht beschädigt, zurückgebracht wurde. Sie befindet sich wieder in der ständigen Kollektion in der Schatzkammer. Doch die Sicherheitsmaßnahmen im Museum und besonders in der Schatzkammer wurden seitdem wesentlich erhöht.

21 St. Willibrordkerk ★ [G4]

Als die neogotische Kreuzbasilika 1877 fertiggestellt wurde, war sie im Innenraum noch größtenteils leer und ohne jegliche Verzierungen. Doch der verantwortliche Architekt Alfred Tepe scharte eine Reihe von Künstlern um sich, die in den darauffolgenden 25 Jahren ein neogotisches Gesamtkunstwerk schufen, das den Geist des Mittelalters wieder aufleben ließ.

Als Ende des 18. Jh. endlich die Einschränkungen für nicht-protestantische Glaubensgemeinschaften aufgehoben wurde, führte dies auch bei den Katholiken zu einer enormen Bautätigkeit. Die Willibrord-Gemeinde konnte die neogotische Kreuzbasilika 1877 einweihen. Ihre etwas **besondere Form** (ein kurzes Längs- und Querschiff, die Tauf- und Willibrordkapelle, die nicht im rechten Winkel an das Seitenschiff angebaut werden konnten) hängt mit den Gegebenheiten des Bauplatzes inmitten bestehender Gebäude zusammen. Da die Utrechter Kirchen in der Blütezeit des Mittelalters im gotischen Stil gebaut wa-

Willibrord – die Friesenmission

Wahrscheinlich im Jahr 658 wurde Willibrord im Königreich Northumbria geboren. Erzogen in einem englischen Benediktinerkloster trat er 678 in ein irisches Benediktinerkloster ein, von wo er 690 mit elf Gefährten aufgebrochen sein soll, um die Friesen zu bekehren.

Allerdings war Willibrord keiner der Missionare, die sich in unbekannte Gegenden wagten und mit ihrer Missionsarbeit ihr Leben wagten. Er sicherte sich den Rückhalt der Franken (in der Person des Hausmeiers Pippin von Herstal, dem Vorstand des königlichen Hofes) und des Papstes, der ihn zum „reisenden Erzbischof ins friesische Volk“ ernannte. Nachdem Pippin den Friesenkönig Radbod 695 praktisch bis an die friesischen Inseln zurückgedrängt hatte, konnte Willibrord Utrecht zum Zentrum der Kirche im Friesenland machen. Als Erzbischof gründete er neue Diözesen, wodurch sich das Christentum und die kirchlichen Strukturen unter dem Schutz der Franken festigen konnten.

Als Pippin im Jahr 714 starb und es zu innerfränkischen Machtkämpfen kam, konnte Radbod große Teile der besetzten Gebiete zurückerobern. Erst nachdem Karl Martell in mehreren Eroberungsfeldzügen die Friesen zurückgedrängt hatte, konnte die Kirche auf dem Gebiet der heutigen Niederlande wieder etabliert werden und Willibrord sich in Utrecht niederlassen.

Nachdem Willibrord großzügige Spenden erhalten hatte, gründete er 697/698 die Reichsabtei Echternach (heute Luxemburg), der er in seinem Testament zahlreiche weitere Ländereien und Güter vermachte. In seinen späten Jahren verbrachte er immer mehr Zeit in Echternach, wo er im November 739 verstarb. Bereits kurz nach seinem Tod wurde er als Heiliger verehrt und auch Utrecht erhielt Reliquien Willibrords.

Seit 2002 findet alljährlich Anfang September eine Willibrordprozession statt, bei der ein Reliquienschrein durch die Stadt getragen wird.

ren, wollte man beim Wiederaufbau des katholischen Glaubens im 19. Jh. wohl an diese Zeit anknüpfen. Damit konnte man sich von den kargen Kirchen der Protestanten abgrenzen.

Innerhalb von 25 Jahren nach der Einweihung entstanden **die üppige Verzierung**, die **Inneneinrichtung** und die **reich ausgestalteten Fenster.** Jeder Zentimeter ist mit bunten Ornamenten geschmückt, doch wenn man die Kirche betritt, wird die Aufmerksamkeit trotzdem sofort auf den **Chorraum** gelenkt, der mit Reliefs, Holzschnitzereien und Gemälden und durch die großzügige Nutzung von Goldfarbe noch reicher, vielfältiger und bunter gestaltet ist als der Rest.

Die Kapelle an der linken Seite ist **Maria** gewidmet. Neben der Statue von Maria mit ihrem Kind sind links Jesaja und Maria und rechts Maria mit ihren Eltern, Joachim und Anna, zu sehen. Im Glasfenster sieht man den zwölfjährigen Jesus im Tempel.

Rechts vom Hauptaltar befindet sich eine **Heiligstes-Herz-Jesu-Kapelle.** Das durchbohrte Herz des Gekreuzigten symbolisiert die bedingungslose Liebe Jesu und gilt als Heilsquelle.

Die **Kanzel** ist unter anderem mit Holzschnitzereien aus dem Leben Willibrords (s. links) verziert. Sie bildet mit den Altären, dem Taufbecken und den Bänken eine Einheit, denn alles wurde im Atelier von **F.W. Mengelberg** hergestellt.

1967 musste die Kirche wegen fehlender Besucher geschlossen werden und wurde verkauft. 1987 kaufte Pater Kotte, der Geld für die Restaurierung sammeln wollte, sie zurück. Letztendlich konnte die Kirche durch staatliche Subventionen gerettet und 2005 wiedereröffnet werden.

Als besonderes Beispiel des neogotischen Stils steht die Kirche **unter Denkmalschutz.** Außer zu Gottesdiensten ist sie bei Musikveranstaltungen und Kunstausstellungen sowie im Rahmen von Kerken kijken (s. S. 95) zugänglich, da man, als die streng konservative **Priesterbruderschaft St. Pius X.** die Kirche 2017 kaufen wollte, im Kaufvertrag festlegen ließ, dass die Durchführung von kulturellen Veranstaltungen und die Zugänglichkeit des Denkmals garantiert bleiben müssten. Die Bruderschaft lässt allerdings nur Veranstaltungen zu, die nicht der kirchlichen Nutzung schaden. Das katholische Bistum hat sich von den lateinischen Messen, die hier gelesen werden, distanziert.

› Minrebroederstraat 21, Buslinie 2, 8, 28, 50, 73, 74, 77 (Janskerkhof), www.sintwillibrordkerk.nl, Fr., Sa. 13–17 Uhr

22 Janskerkhof mit Blumenmarkt ★★★ [G3]

Die Geschichte des Janskerkhof beginnt 1040, als Bischof Bernold die Janskerk 23, die dem heiligen Johannes dem Täufer geweihte Kirche, bauen ließ. Sie war eine Kapitelkirche, die zur Immunität Sint Jan (s. S. 58) gehörte, und noch heute findet man in diesem Gebiet viele alte Gebäude, die die goldenen Zeiten Utrechts widerspiegeln.

Der heutige Janskerkhof, der in der Woche als **Parkplatz** dient, umfasst nur einen kleinen Teil der früheren Immunität Sint Jan, denn diese wurde durch Jansveld, Voorstraat, Keizerstraat, Nobelstraat und Jansdam begrenzt. Es waren großzügige Grundstücke, auf denen die Häuser für die Kapitulare gebaut werden konnten. Als Ende des 16. Jh. die Immunität des Sint-Jan-Kapitels aufgehoben wurde, entwickelte sich der

Janskerkhof zu einem **Stadtpark**, der umsäumt war von **stattlichen Herrenhäusern.** In der folgenden Zeit wurden zunächst an der Nordseite der Minrebroederstraat neue Häuser gebaut, wodurch die Häuserreihe an der Südseite des Platzes entstand, während sich die Nordseite des Janskerkhof (auf der gegenüberliegenden Seite des Platzes) etwas langsamer entwickelte. Die großen Grundstücke wurden von reichen Bürgern erworben, die Teile davon wieder weiterverkauften, wodurch die Häuser an der Südseite der Voorstraat und die Bebauung zwischen Jansveld, Boothstraat und Drift entstehen konnten.

Das Sint-Jan-Kapitel war auch nach Abschaffung der Sonderrechte im Besitz des Janskerkhof geblieben, allerdings wollte man ab 1790 nicht mehr für die Bäume und das Straßenpflaster verantwortlich sein. 1811 wurde das Kapitel dann schließlich vollständig aufgelöst.

⌃ *Kirchenstifter und Stadtgründer Willibrord vor der Janskerk* 23

Um die Häuser um den Platz zu betrachten, läuft man am besten einen kleinen Kreis um die Kirche. Die Nummerierung beginnt in der südwestlichen Ecke und setzt sich gegen den Uhrzeigersinn fort. Fast alle Gebäude, an denen man vorbeikommt, stehen unter Denkmalschutz. Beim Betrachten der Häuser sollte man nicht auf dem Radweg stehen bleiben, denn sonst wird man gnadenlos von einem der vielen „Rennfahrer" umgebügelt.

Janskerkhof 3 steht an der Stelle, an der 1249 von Franziskanern ein Kloster gegründet wurde. Dieses wurde bei einem großen Stadtbrand 1279 jedoch verwüstet. Bereits 1310 wurde das sogenannte Minderbroederklooster erneut aufgebaut und 1518 das Hauptgebäude noch einmal gründlich renoviert, doch die Mönche verloren den Besitz, als das Kloster 1580 von der Stadt enteignet wurde. Von 1582 bis 1815 tagten hier die mittelalterliche Provinzverwaltung, die **Staten van Utrecht** (daher der Name des Gebäudes: Statenkamer), danach ging das Gebäude in den Besitz der **Universität** über. Der

Toreingang aus Sandstein stammt aus dem Jahr 1643 und trägt das Wappen der Provinz.

Das nächste Gebäude (Nr. 4) wurde als Schulgebäude für das **Utrechts Stedelijk Gymnasium** angeschafft. Die Schule besaß bereits Gebäude an der Minrebroederstraat und wollte sich vergrößern. Das Haus stammt aus dem Jahr 1880 und ist ein schönes Vorbild für die niederländischen Backsteingebäude in neo-klassizistischem Stil. Heute befindet sich hier ein Fachbereich der **Kunsthochschule HKU.**

Das Haus an der Ecke Janskerkhof und Domstraat entstand, als im 19. Jh. **zwei Häuser aus dem 17. Jh. zu einem zusammengefügt** wurden. Das Mauerwerk unten stammt noch aus dem 17. Jh., die Fenster darüber wurden beim Umbau im 19. Jh. eingebaut. Das Kranzgesims dahingegen stammt aus dem 18. Jh.

Das Eckhaus an der gegenüberliegenden Seite (Nr. 9 und 10) ist bekannt als **Hotel de Pays Bas.** Seine ältesten Teile bauen auf einem der mittelalterlichen Kapitelhäuser des Sint-Jan-Kapitels auf. 1780 wurde ein großes Gebäude darum herum errichtet und 1850 und Anfang des 20. Jh. wurden noch einmal wesentliche Umbaumaßnahmen realisiert. Heute ist es ein stattliches, schön verziertes Gebäude, das 47 Hotelzimmern Raum bietet.

Dagegen sieht das Nachbarhaus (Nr. 11) sehr bescheiden aus, doch sollte man sich nicht täuschen lassen, denn das Grundstück reichte ursprünglich bis zum Jansdam, weshalb der erste Kapitular, der hier 1490 erwähnt wird, wohl genügend Platz gehabt haben dürfte. Die ältesten Teile des jetzigen Hauses stammen von 1663.

Nr. 12 war wiederum ein großzügiges Anwesen, das 1640 auf den Resten eines mittelalterlichen Hauses entstand. 1723 erhielt es seinen Namen **Huize Van Voorst,** als sich der ehemalige Bürgermeister von Utrecht, Lucas Van Voorst, mit seiner Frau hier niederließ. Er ließ das Haus erst einmal gründlich umbauen und von ihm hieß es, er habe auf großem Fuß gelebt.

An der gegenüberliegenden Ecke (Drift 9 und Janskerkhof) ließ die Versicherungsgesellschaft **Piëtas** von 1903 bis 1906 einen neuen Hauptsitz für ca. 100 Mitarbeiter errichten. Um eine Brandgefahr zu verhindern, wurde Flure, Säulen, Balken, Treppen und die Tresore aus Beton hergestellt. Dabei dienten romanische Stilelemente als Vorbild. Die Figuren wurden aus bayrischem Granit und Sandstein aus Oberkirchen hergestellt. Das nächste interessante Gebäude steht an der Nordseite des Platzes (Nr. 13 und 13A). Als eines der ersten, das nach der Aufhebung der Immunität Sint Jan gebaut wurde, war es ein stattliches Haus in klassizistischem Stil. 1765 wurde es im Rokoko-Stil umgebaut. Das Gebäude 13A muss den Akten entsprechend bereits in der zweiten Hälfte des 17. Jh. denselben Eigentümer gehabt haben. Auch das Haus am Drift gehörte zu diesem Gebäudekomplex, denn es war das ehemalige Kutschhaus.

Ende des 19. Jh. erwarb das Utrechtsch Studenten Corps das Grundstück Nr. 14. Das darauf stehende Gebäude ließ man abreißen und es wurde ein Architektenwettbewerb ausgeschrieben. Der neue Bau erhielt den Spitznamen **Het Gele Kasteel** („Die Gelbe Burg"). Er ähnelt tatsächlich einer Burg und wurde wegen seiner Formgebung oft mit der Beurs van Berlage in Amsterdam verglichen. Die Jugendstilelemente zeigen sich vor allem in der Wahl der Materialien und Farben. Im Zweiten Weltkrieg war hier das Stabsquartier des Höheren Kommandos und des 88. Armeekorps. Auf dem Innenhof wurde sogar ein Bunker gebaut, der heute eine Disco beherbergt. Die kleine Brücke führt über den ehemaligen Wassergraben des Sint-Jan-Kapitels.

Die folgenden Häuser (Nr. 15, 15A, 16) wurden wahrscheinlich in den Jahren 1661 bis 1663 vom selben Baumeister errichtet. 1901 wurde in 15A das **Christelijk Gymnasium Utrecht** eingeweiht. Das Haus Nr. 16 trägt den Namen **Martenshuis,** da es 1973 seit über 300 Jahren im Besitz der Familie Martens war. In diesem Jahr ging es in den Besitz eines Vereins über, der sich für die Erhaltung von Denkmälern einsetzt. Dieser renovierte das Gebäude 2010.

023ut-bs

Blumenmarkt

Samstags verwandelt sich Janskerkhof in ein Meer an Farben, Formen und Düften, wenn die Verkäufer ihr riesiges Angebot an Schnittblumen, Topf- und Gartenpflanzen feilbieten. Zwar werden auf der Oudegracht vor dem Stadhuis (11) auch Schnittblumen und Pflanzen angeboten, aber dennoch zieht es zahlreiche Kunden zum Blumenmarkt auf den Janskerkhof, denn dort ist die Auswahl so viel größer. Blumen und Zimmerpflanzen gehören einfach zur Grundausstattung einer niederländischen Wohnung und so kauft man zum Wochenende einen oder mehrere Blumensträuße für zu Hause. Neben **Schnittblumen** werden auch gern **Topf- und Gartenpflanzen, Sträucher, junge Bäume** und **Kräuterpflanzen** gekauft, denn Niederländer lieben es, Haus, Garten und Balkon zu verschönern, auch wenn diese noch so winzig sind. Je nach Saison werden außerdem riesige Mengen an **Blumenzwiebeln** und **Pflanzensamen** oder – für die etwas weniger Begabten – vorgezogene **Setzlinge** angeboten. Der Blumenmarkt ist besonders beliebt, da man hier eine solch große Auswahl hat, dass die Entscheidung schwerfällt, und man ganz bestimmt ein tolles Schnäppchen machen kann. Da schleppt am Ende so mancher mehr nach Hause, als geplant war.

› Janskerkhof, Sa. 8–17 Uhr, Buslinie 2, 8, 28, 50, 73, 74, 77 (Janskerkhof)

Jeden Samstag: Blumenmarkt auf dem Janskerkhof

MEIN TIPP

Augen auf beim Blumenzwiebelkauf!

Beim Kauf von Blumenzwiebeln ist es vor allem wichtig, auf die Saison zu achten, denn eigentlich werden sie jeweils nur für eine kurze Zeit verkauft. **Frühjahrsblüher** (Krokusse, Tulpen, etc.) werden etwa von Ende August bis Mitte November angeboten, Zwiebeln für **Sommerblumen** im frühen Vorjahr.

Bei den Zwiebeln sollte man darauf achten, dass sie knackig, kräftig und gesund aussehen. Bei verschiedenen **Tulpensorten** sehen die Zwiebeln auch immer etwas unterschiedlich aus (Größe, Form, Farbe der Haut). Sie werden meist in offenen Holzkisten ausgestellt. Dann kann man sich selbst seine Auswahl zusammenstellen. Bei vorgepackten Tüten passiert es immer wieder, dass ausgetrocknete und schimmlige Exemplare darunter sind oder ganz andere Tulpen wachsen, als es auf der Packung steht.

23 Janskerk ★ [G3]

Im Jahr 1040 gründete Bischof Bernold die Janskerk, die Johannes dem Täufer geweiht war, und das Sint-Jan-Kapitel. Die Mittel zum Bau der Stiftskirche stammten aus dem allgemeinen Kirchenvermögen der Kirche Utrechts. Die Janskerk bildete mit Dom 1, Pieterskerk 7, Mariakerk und Pauluskerk das Utrechter Kirchenkreuz (s. S. 30).

Wie die Pieterskerk ist die Janskerk eine **romanische Basilika aus Tuffstein.** Noch heute bestimmen die **Rundbögen** die Optik der Kirche. Die Säulen bestanden aus einem Block Sandstein, doch erwiesen sie sich als zu schwach, weshalb sie verstärkt werden mussten, um das Gewicht der Kirche tragen zu können.

Von 1508 bis 1539 wurden der Chorraum und die Kapellen im **gotischen Stil** umgebaut, während das Hauptschiff seine ursprüngliche Form behielt. Am 7.3.1580 wurden während des dritten **Bildersturms** die Orgel, Kunstwerke und Bücher zerstört sowie die Altäre entfernt. Da in diesem Jahr auch die Ausübung des katholischen Glaubens verboten wurde, ging die Kirche in den Besitz der Protestanten über.

Ursprünglich hatte die Kirche am Westflügel zwei Türme. Der erste Turm soll bereits im 14. Jh. eingestürzt sein, der zweite Turm blieb stehen, auch wenn man in den 1630er-Jahren die Glocken entfernte, da der Turm anfing, beim Läuten zu beben. Seltsamerweise überstand der Turm den verheerenden Sturm von 1674, bei dem viele andere Kirchen und Gebäude großen Schaden erlitten. 1681 wurden allerdings sowohl der Turm als auch einige Nebengebäude und der Kreuzgang mit Innenhof abgerissen. Das Baumaterial und die Glocken wurden verkauft. Damit finanzierte man die Renovierung der West- und Nordseite der Kirche sowie den kleinen kuppelförmigen **Glockenturm.**

1813 waren russische und preußische Soldaten in der Kirche einquartiert. Auch kam es vor, dass bei Gottesdiensten der Putz auf die Gläubigen herabrieselte. 1900 gab es Überlegungen, die Kirche zu verkaufen, um damit das neue Rathaus zu finanzieren. Doch sie blieb als Gotteshaus erhalten und wurde von 1947 bis 1952 notdürftig renoviert. Eine gründliche Renovierung gab es erst in den Jahren 1976 bis 1981, als der Staat Gelder für diesen Zweck zusagte. Dabei wurde auch das **hölzerne Tonnengewölbe** aus dem 13. Jh. des Hauptschiffs und der Seitenschiffe entdeckt, dessen Originalteile mit neuem Holz ergänzt wurden.

Heute ist hier die **Ökumenische Studentengemeinde** untergebracht. Besichtigt werden kann die Kirche im Zuge von Kerken kijken (s. S. 95) oder bei Veranstaltungen.

› Janskerkhof, Buslinie 2, 8, 28, 50, 73, 74, 77 (Janskerkhof), www.janskerk-utrecht.nl

24 Neude ★★ [F3]

Der Platz Neude ist sicher einer der bekanntesten Orte in Utrecht. Wo früher ein Sumpfgebiet war, befindet sich heute ein großer Platz mit vielen Terrassen, auf denen man sich auf ein Bier, einen Kaffee, einen Snack oder eine Mahlzeit mit mehreren Gängen verabreden kann.

Weltliche und kirchliche Herrschaft in Utrecht – ein Flickenteppich

Macht wurde im mittelalterlichen Utrecht sowohl von weltlichen als auch von kirchlichen Autoritäten ausgeübt. Wahrscheinlich seit der Merowingerzeit erhielten Klöster, Abteien, Stiftskirchen und Kathedralen von Königen Grundstücke, die mit Sonderrechten ausgestattet waren. Die weltliche Macht hatte innerhalb dieser Kirchenbezirke keine Autorität und konnte weder Recht sprechen noch Steuern erheben. In den Niederlanden heißen diese Gebiete **Immunitäten,** da man gefeit war vor der Einmischung weltlicher Autoritäten.

Da die einzelnen Kirchenbezirke durch Mauern, Grachten oder Grenzpfosten deutlich abgegrenzt waren, bewegte man sich im Stadtgebiet Utrechts also quasi zwischen vielen dieser Inseln geistlicher Herrschaft, denn als normaler Bürger konnte man das Gebiet eines Kirchenbezirks nicht einfach durchqueren. Diese Immunitäten wurden von sogenannten **Kapiteln,** also geistlichen Körperschaften, verwaltet. So grenzte z. B. an das Domkapitel rund um die Domkirche gleich das Salvatorkapitel, an das sich wiederum der Besitz des Sint-Paulus-Klosters anschloss, auch Sint Pieter, Sint Jan und Sinte Marie bildeten großflächige Immunitäten. Noch heute kann man in der Bebauung Spuren dieser Gebiete entdecken, denn die Begrenzungen der einzelnen Bezirke bestimmen immer noch den Verlauf von Straßen und Grachten in der Innenstadt. An bestimmten Stellen (z. B. auf dem Platz vor dem Dom) wurden die Umrisse wichtiger ehemaliger Gebäude zusätzlich mit Pflastersteinen markiert.

Die Kirchen in den verschiedenen Kapiteln waren nicht für das gewöhnliche Volk gedacht. Diese konnten in den normalen Pfarrgemeinden, etwa der Buurkerk, in die Kirche gehen. Kirchen in den Kapiteln waren den **Kapitularen** vorbehalten. Diese waren nicht alle Priester oder Mönche und Nonnen, sondern es gab auch weltliche Kapitulare. Sie legten kein Gelöbnis ab, ein Leben in Armut zu führen, und schafften bereits im 11. Jh. die Verpflichtung ab, zusammen in Klausur zu wohnen. Stattdessen zogen sie in eigens errichtete **Amtswohnungen.** Oft sind diese alten Stadthäuser noch erhalten geblieben, auch wenn sie danach fast immer vollständig umgebaut wurden.

Im Zuge der Reformation und im 17. Jh. wurden die Sonderrechte der Kapitel letztendlich abgeschafft, wodurch viele Gebäude in den Besitz reicher Bürger kamen.

Der Platz ist ein guter Startplatz für einen geselligen Abend. Doch außer diversen Restaurants, Bars und Cafés finden sich hier auch einige interessante Gebäude. Das wichtigste ist wohl das ehemalige Postgebäude, das von vielen noch immer Post Utrecht genannt wird, obwohl hier nun bereits seit Jahren eine Niederlassung der **Stadtbibliothek** untergebracht ist. Es wurde im Stil der Amsterdamer School errichtet und im Jahr 1924 fertiggestellt. Besonders beeindruckend sind die **ovalen Bögen** in der Halle, Skulpturen wie die Figuren, die die verschiedenen Kontinente darstellen, und die **Bleiglasfenster.** 2011 gab die Post die Niederlassung auf und 2015 wurde glücklicherweise beschlossen, dass die Bibliothek hier einziehen soll, damit das denkmalgeschützte Gebäude auch weiterhin der Öffentlichkeit zur Verfügung steht. Die Bibliothek und die **NODA Eetbar & Deli** (s. S. 84) mit einem wunderschönen Ausblick auf die Oudegracht sind den ganzen Tag über gut besucht, die Ladengeschäfte an der Seite zur Oudegracht hin ziehen zahlreiche Kauflustige an und jeder interessierte Besucher kann sich in aller Ruhe das schöne Gebäude ansehen.

Läuft man weiter gegen den Uhrzeigersinn, dann springt gleich an der Ecke links neben der Bibliothek der nächste Bau ins Auge. Der Büroturm **Neudeflat** war bei seiner Fertigstellung 1961 das höchste Bürogebäude der Niederlande und sollte mit seinem sachlichen Stil eine neue Ära in der Innenstadt einläuten, die mit Wegzug der Bewohner und Verwahrlosung zu kämpfen hatte. Der Bau war recht umstritten, da viele ihn schlichtweg hässlich fanden. Gerade dadurch unterstützte der Büroturm die Idee, behutsamer vorzugehen und historische Gebäude zu restaurieren, statt alles plattzumachen. 2015 wurden die 16 Büroetagen in 88 Wohnungen umgebaut. Leider konnte sich die Idee, auf dem Dachgarten eine Bar mit einem wunderbaren Ausblick über die Innenstadt einzurichten, nicht durchsetzen.

Bei der Fortsetzung des Rundgangs lohnt es sich, **einen Blick auf die Häuser zu werfen** und sich nicht von den aufgestellten Tischen und Stühlen ablenken zu lassen. So besitzt beispielsweise das Haus Nr. 39 (Ecke Schoutenstraat) noch einen Giebel von 1747, wie man an dem Schild im linken Teil des Hauses sehen kann. Es wurde mit den drei Nachbarhäusern zum Café/Restaurant **De Beurs** zusammengefügt.

Auch Neude 2 (**Wijncafé Lefebvre**) hat eine lange Geschichte. Die erste Baustruktur aus dem 14. Jh. wurde im 15. Jh. nach hinten erweitert. Im 17. Jh. wurde der Dachboden in ein zweites Stockwerk umgebaut und im 18. Jh. die alte Hausfassade durch die heutige ersetzt. Auch im Inneren sind noch Teile der alten Holzstruktur zu erkennen.

Die **Drogisterij Woortman** (Neude 3) ist eines dieser herrlich vollgestopften Geschäfte, in denen man so gut wie alles bekommt, was man von einem Drogerie- oder Krämerladen erwartet: von Kräutern über Heilmittel, Kosmetik, Reinigungsmittel bis hin zu Malerpigmenten oder Kerzen.

Überquert man jetzt Lange Janstraat findet man auf der Verkehrsinsel die Skulptur **„Thinker on a Rock“** von Barry Flanagan. Gegner bezeichneten sie als eine Mischung aus Bugs Bunny und dem Denker von Rodin und niemand wollte die Skulptur haben. Die Stadt schrieb eine Volksabstimmung aus, bei der zwei weitere Kunstwerke zur Wahl standen. Nur 4000 Personen stimmten ab und entschieden sich mehrheitlich für den Hasen. Inzwischen scheint er zumindest manchen ans Herz gewachsen zu sein, denn er erhält schon mal eine Portion Rüben oder einen Schal im Winter.

Das Haus Voorstraat 14 trägt den Namen **D'coninck van Poortugael** („Der König von Portugal"). Der Name findet sich in einem Giebelstein in der Mitte des Hauses und darüber die Jahreszahl 1619. Da die Figur in dem Relief direkt darunter nicht wirklich einem portugiesischen oder spanischen König (Portugal gehörte damals zu Spanien) ähnelt, ist es fragwürdig, ob sich die Bezeichnung auf historische Personen bezieht. Das Gebäude sticht jedoch durch den Treppengiebel, die Fenster, die zur Hälfte mit Fensterläden geschlossen werden können, und die Steinfiguren auf dem Bürgersteig zwischen den Nachbarhäusern hervor.

Wieder etwas weiter nach links (Voorstraat 6) steht ein besonderes Haus im **Art-Nouveau-Stil**, das 1904 als Apotheke für Johan de Liefde gebaut wurde. Nicht nur die Hausfassade, auch die Inneneinrichtung wurde im gleichen Stil entworfen, was das Gebäude zu etwas Besonderem machte.

› Buslinie 2, 8, 28, 50, 73, 74, 77 (Neude)

Rund um die Altstadt

25 Het Spoorwegmuseum ★★★ [J5]

In dem alten Bahnhof Maliestation befindet sich heute das Eisenbahnmuseum, das viele historische Lokomotiven und Waggons zu bieten hat. So kann man unter anderem die Waggons besichtigen, in denen früher die königliche Familie der Niederlande zu reisen pflegte.

Zahlreiche imposante **historische Lokomotiven** werden im Museum ausgestellt und auf viele von ihnen kann man hochklettern und sogar in den Führerstand gehen. Für Kinder – kleine und große – gibt es im **TechLab** auch einiges zum Mitmachen. So lernt man u.a., wie eine Lok funktioniert, und man kann selbst technische Prinzipien ausprobieren. Außerdem gibt es noch drei große **Themenwelten.** In der einen erlebt man als Lokführer oder Bremser eine wahnsinnige Zugreise. Auf einem riesigen Bildschirm wird eine Zugfahrt durch Räume und Zeiten projiziert und Kinder können auf den Bänken den Vor-

☐ *Anfangs fuhr man noch in offenen Waggons*

024ut-bs

gaben folgend die Lok führen oder sich als Bremser betätigen. Der Boden des Zuschauerraums bewegt sich mit dem Erlebten auf dem Bildschirm mit, neigt sich also beispielsweise in einer halsbrecherischen Kurvenfahrt nach links und rechts.

In der zweiten Themenwelt betritt man einen Bahnhof und ein kleines Dorf in England zu den **Anfangszeiten der Eisenbahn.** Dort werden verschiedene Werkzeuge und Berufe, die mit der Eisenbahn zu tun haben, erklärt. In der dritten Themenwelt steht man auf einem Bahnsteig, an dem sich der **Orientexpress** befindet und kann sehen, wie luxuriös man mit ihm unterwegs war.

Weniger schön ist die Geschichte des Bahnhofs Maliestation: Obwohl er zum damaligen Zeitpunkt eigentlich schon stillgelegt war, wurde die jüdische Bevölkerung Utrechts im Zweiten Weltkrieg von hier in die **Vernichtungslager der Nazis** transportiert. Ein Waggon dieser Todeszüge kann im Museum besichtigt werden. Vor dem Museum befindet sich das **Denkmal für die jüdischen Opfer des Holocaust.**

› Maliebaanstation, Tel. 2306206, www.spoorwegmuseum.nl, Di.–So. 10–17 Uhr, Eintritt: 17,50 €, bis 3 Jahre gratis

MEIN TIPP

Holocaust-Mahnmal

Vor dem Spoorwegmuseum 25 steht ein Denkmal für die deportierten Juden aus Utrecht. 1942 und 1943 wurden mehr als 1600 Menschen am Bahnhof Maliestation, der damals eigentlich schon stillgelegt war, zusammengetrieben und über Westerbork in die Vernichtungslager der Nazis abtransportiert. Nur 400 überlebten das Grauen.

Der **Gedenkstein** ist aus Jerusalem Gold, einem Sandstein, der auch in der Klagemauer verwendet wurde. Auf der Steintafel sind die Namen von 1239 Juden mit Geburtsdatum, Todesort und -datum eingraviert. In der Mitte steht ein Bibelzitat: „Sieh her: Ich habe dich eingezeichnet in meine Hände“ (Jesaja, 49, 16). Davor steht ein Bronze-Schofar (Widderhorn), das an die Opferung Isaaks durch Abraham erinnert. Es wird von 10 Männern getragen (die kleinste Anzahl mündiger Juden, Minjan genannt, die nötig ist, um einen vollständigen Gottesdienst abhalten zu können), die das Kaddisch, eines der wichtigsten Gebete im Judentum, lesen. Das Bildhauerwerk stammt von dem georgisch-niederländischen Bildhauer **Amiran Djanashvili.**

Rechts steht ein Pfahl mit einem QR-Code, mit dem man weitere Informationen zu jedem einzelnen Namen aufrufen kann. Auch werden dort einige Fehler korrigiert, die auf der Tafel stehen.

26 Windmühle De Ster ★★★ [B5]

Ursprünglich gab es in Utrecht circa 40 Windmühlen. Sie waren die Kraftwerke, bis der Strom seinen Einzug als Energiequelle nahm. Mit ihnen mahlte man Korn, sägte riesige Baumstämme und leitete Wasser in Kanäle um. Heute sind nur noch zwei Mühlen übrig. In der alten Kornmühle Rijn en Zon in der Adelaarstraat befindet sich heute ein Bio-Metzger, doch in der Molen De Ster kann man sich heute noch ansehen, wie eine Sägemühle funktioniert.

1998/1999 wurde die Mühle vom Erdgeschoss aufwärts auf historische Weise neu aufgebaut, da ein Großteil des Gebäudes aus dem Jahr 1793 verfallen war, nachdem mit der Einführung der Elektrizität im Jahr 1911

Windmühlen überflüssig geworden waren. Heute klettert der Mühlenbetreiber jeden Samstag zwischen 13 und 16 Uhr auf die vier 20 m langen Flügel, um die Segel aufzulegen, und wenn die Windstärke zwischen 3 und 5 Beaufort (19–38,5 km/h) beträgt, werden tatsächlich Baumstämme gesägt.

Das Sägeholz wurde und wird über die Gracht der **Leidsche Vaart** angeliefert. Die Mühle ist daher über eine *ophaalbrug,* eine alte **hölzerne Zugbrücke,** erreichbar. Ursprünglich wurden in der Mühle drei Sägestellen angetrieben, heute noch eine. Die Mühle entwickelt bei Windstärke 5 eindrucksvolle 125 Pferdestärken. Der Kopf der Mühle, also alles, was sich mit dem Wind dreht, wiegt allein schon 20.000 kg.

Für große Baumstämme werden bis zu zehn riesige Sägeblätter eingespannt. Diese sind an einem dicken Holzstamm befestigt, der von den Zahnrädern, die die horizontale Drehung in eine vertikale Bewegung umsetzen, hoch und runter bewegt wird. Mit jeder Umdrehung wird der Sägebaum, ein Schlitten, auf dem der Baumstamm fixiert wird, 2 mm nach vorne bewegt. Bei Windstärke 5 dauert es ungefähr einen Tag, bis ein ganzer Stamm gesägt ist.

Die Mühle wird von Freiwilligen betrieben, die dann auch **Führungen** geben. Außerdem kann man im kleinen, gemütlichen **Molencafé** und bei gutem Wetter auch vor der Mühle etwas trinken und kleinere Gerichte genießen. Auf dem Gelände befindet sich außerdem eine **Kindertagesstätte** mit Schafen, Schweinen und Gänsen. Auch der **Gitarrenbauer** Lucas Jansen und der **Holzdreher** Karim Eharruyen, der schöne Holzskulpturen, vor allem Vögel, kreiert, haben hier ihre kleinen Werkstätten mit Laden. Beide haben auch samstags geöffnet.

› Molen De Ster, Molenpark 3, Tel. 2990174, www.molendester.nu, Führungen Sa. 13–16 Uhr, Molencafé Sa., So. 10–18 Uhr (im Winter nur Sa.)
› **Spruce Guitars,** Tel. 0618348494, www.spruceguitars.nl
› **Draaj,** Tel. 0643902407, www.draaj.nl

27 Rietveld Schröderhuis ★★★

Luft, Licht, Raum und Funktion waren für Gerrit Rietveld (1888–1964) von besonderer Bedeutung. Nicht die Masse des Materials, sondern der Raum dazwischen war die Inspiration, die er nutzte, um einfache und funktionale Lösungen für seine Entwürfe zu kreieren.

Truus Schröder, eine junge Witwe mit drei Kindern, hatte sehr genaue Vorstellungen, wie ihr zukünftiges Heim aussehen sollte. Sie wollte ein Haus, das ihr ein Gefühl von Schlichtheit und Freiheit gibt. Rietveld, der bis dahin eigentlich nur Möbel und Modelle baute, hatte bereits in ihrer ersten Wohnung einen Raum für sie völlig neu und modern gestaltet und so bat sie ihn 1924, ihr Haus im Stil der Kunstbewegung **De Stijl** zu entwerfen. Rietveld ergriff die Chance mit beiden Händen und in ihrer Zusammenarbeit schrieben Rietveld und Schröder Architekturgeschichte.

Klare horizontale und vertikale Linien, Primärfarben kombiniert mit Weiß, Grau und Schwarz prägen das Bild. Innen und Außen gehen ineinander über, z. B. durch riesige Fenster, die sich so weit öffnen lassen, dass nichts den Blick nach draußen stört. Als das Haus gebaut wurde, stand es am Rand der Stadt und man konnte aus dem ersten Stock auf die Polderlandschaft blicken. Schröder kaufte auch das angrenzende Grundstück, um selbst entscheiden zu können, was dort gebaut werden würde. Sie und Rietveld entwarfen deshalb die zwei Häuserblöcke an der heutigen Erasmuslaan.

Rietveld ließ im Rietveld Schröderhuis **Schiebetüren** einbauen, mit denen man den Raum auf der gesamten Etage öffnen oder für mehr Privatsphäre in einzelne Zimmer unterteilen konnte. In einer Wohnkultur, geprägt von schweren dunklen Möbeln, muss dieses Haus eine unglaubliche Leichtigkeit und Freiheit ausgestrahlt haben. Bei einer Führung erfährt man auch viel über die cleveren Lösungen, die Rietveld und Schröder für die verschiedensten Ecken des Hauses gefunden haben.

Das Haus war der Anfang von Rietvelds Architektenkarriere. Er behielt sogar einen Arbeitsraum im Erdgeschoss und als seine Frau 1957 starb, zog er bei Truus Schröder ein, wo er bis zu seinem Tod 1964 lebte. Schröder blieb bis zu ihrem Tod 1985 im Haus, obwohl Rietveld, nachdem in den 1960er-Jahren eine vierspuri-

De Stijl – Harmonie durch Geometrie

De Stijl war eine Gruppe von Architekten, Designern und Malern, die sich als Forum für neue Formgebung verstand. Gemeinsame Ausstellungen und Publikationen sollten die Ideen der Gruppe weiter verbreiten. Sie publizierten eine Kunstzeitschrift, in der Rietveld 1919 die erste Fassung des Stuhls vorstellte, der später als der Rot-Blaue Stuhl bekannt werden sollte. Die strenge Geometrie und die offene Form entsprachen genau dem Streben der De-Stijl-Künstlergruppe. Rietveld war zu diesem Design gekommen, da er nach Möglichkeiten suchte, um statt der wuchtigen und teuren Möbel, die sein Vater in der Tischlerei herstellte, kostengünstigere, effektiver und einfacher gestaltete Möbel zu produzieren. Das erste Stuhlmodell war noch farblos, erst 1923 erhielt dieser seine charakteristische Farbgebung.

Funktionalität, geometrische Formen und farbliche Klarheit waren die Merkmale, die Künstler wie Piet Mondrian, Theo van Doesburg, Kurt Schwitters und Hans Arp anstrebten. Sie nutzten die Primärfarben Rot, Gelb und Blau in Kombination mit den Nicht-Farben Weiß, Schwarz und Grau. Alle Entwürfe sollten vor allem gerade horizontale und vertikale Linien zeigen, doch nicht unbedingt symmetrisch sein. Ein wesentliches Stilelement bildeten Kontraste wie hell/dunkel oder senkrecht/waagerecht. Schnörkel, runde und natürliche Formen wurden vermieden, um das Sentimentale oder Emotionale aus dem Werk herauszulassen, das sie als die Dominanz des Individuellen sahen. Universelle Harmonie in einem Werk entstand nach ihrer Philosophie durch das Gleichgewicht der Elemente und ihrer Stellung zueinander. In Manifesten, Büchern und Aufsätzen formulierten die einzelnen Mitglieder der Gruppe ihre Ideen. Zum Bruch kam es, als Mondrian und Van Doesburg jeweils unterschiedliche Theorien zu Gestaltung und Formgebung publizierten. Letztendlich löste sich die Gruppe durch den Tod Van Doesburgs 1931 auf. 1932 erschien ihm zu Ehren noch eine letzte Ausgabe der Zeitschrift „De Stijl".

ge Schnellstraße und ein Viadukt vor das Haus gebaut worden waren, der Meinung gewesen war, dass es nun abgerissen werden könne, da das gesamte Konzept vernichtet sei.

Truus Schröder vermachte das Haus einer Stiftung. Es kann nur im Rahmen einer **Führung** besucht werden. Da pro Tag nur zehn Führungen für jeweils acht Personen stattfinden, ist eine **Reservierung** unbedingt notwendig. Vor oder nach der Führung kann man sich noch eine kurze Videopräsentation über Rietveld ansehen oder Souvenirs im Museumsladen kaufen.

Von der Website kann man sich einen Spaziergang herunterladen, der an verschiedenen Häusern, die Rietveld gebaut hat, vorbeiführt.

› Prins Hendriklaan 50, Bus 8 Richtung Wilhelminapark (Haltestelle De Hoogstraat), www.rietveldschroderhuis.nl, Di.-So. 11-16, Ende April-Sept. auch Fr. 11-21 Uhr, Eintritt: 19 €, 13-17 Jahre 10,50 €, bis 12 Jahre 3 €

Ausflüge in die Umgebung

Nicht nur die Stadt Utrecht ist eine Reise wert, auch im Umland gibt es interessante Orte und Museen zu entdecken. Hierfür kann man entweder einen Zwischenstopp auf der Hin- oder Rückreise nach Utrecht, eventuell mit Übernachtung, einlegen oder man entscheidet sich dafür, zwischendurch mal aus der Stadt zu fahren und einen halben bis zwei Tage eher ländlich unterwegs zu sein. Es lohnt sich.

28 Kasteel de Haar ★★★

Kasteel de Haar (manchmal auch Kasteel Haarzuilens genannt) ist das größte Schloss in den Niederlanden und wurde Ende des 19. Jh. aus seinem Dornröschenschlaf geweckt.

Wahrscheinlich bereits im 13. Jh. errichtet, wurde das **Schloss** 1391 zum ersten Mal schriftlich erwähnt. **Van der Haar** war Dienstmann des Prinz-Bischofs von Utrecht und damit einer

Vielleicht das schönste Schloss der Niederlande: Kasteel de Haar

025ut-bs

der mächtigsten Männer des Landes, der es sich leisten konnte – und wohl auch eine Notwendigkeit sah –, eine verstärkte Burg zu errichten. Durch die Heirat von Josina van der Haar mit Dirk van Zuylen, einem der reichsten und ältesten Geschlechter Utrechts, ging das Schloss in den Familienbesitz der **Van Zuylens** über.

In kriegerischen Auseinandersetzungen zwischen dem Bischof von Utrecht und der Stadt wurde das Schloss 1482 verwüstet und danach wiederaufgebaut. Wahrscheinlich stammt aus dieser Zeit die typische **fünfeckige Form.** In den darauffolgenden Jahrhunderten zerfiel das Schloss immer mehr und war schließlich nur noch eine Ruine. Zum Ende des 19. Jh. erbte **Baron Etienne van Zuylen van Nijevelt van de Haar** das Gebäude. Nach seiner Hochzeit mit der schwerreichen Hélène de Rothschild entschloss er sich, aus der Ruine wieder ein Schloss zu machen. Dafür rief er niemand anderen als den Architekten **Pierre Cuypers** (Rijksmuseum und Hauptbahnhof in Amsterdam) auf den Plan. Schloss und Park sollten eine perfekte Einheit bilden.

Der neogotische Stil von Cuypers ist mit Einflüssen aus dem Mittelalter durchzogen, was dem Bauherrn zusagte, da er eine Art Familienmuseum vor Augen hatte. Mittelalterlich war der Baron aber keineswegs. Er war Automobil- und Flugzeugnarr, ein umtriebiger Dandy und Lebemann, der zusammen mit seiner Frau jede Menge Freunde und Geschäftspartner auf das Schloss einlud, das am Ende des 19. Jh. schon über einen Komfort verfügte, den zu diesem Zeitpunkt nicht einmal der Wohnsitz der Königin vorweisen konnte: warmes und kaltes fließendes Wasser, eine Zentralheizung, Elektrizität, ein türkisches Bad, eine supermoderne Küche und sogar einen Personenaufzug.

Im 20. Jh. wurde das Schloss zu einem **Zentrum des Jetsets.** Jede Menge Weltstars waren hier zu Gast. Genannt seien hier nur solch illustre Persönlichkeiten wie Coco Chanel, Maria Callas, Yves Saint Laurant, Brigitte Bardot, Roger Moore, Joan Collins, Gregory Peck und Erich Maria Remarque.

Im Jahr 2000 machte Baron Thierry van Zuylen van Nijevelt van de Haar das Schloss und den umliegenden Park, der stolze 55 Hektar umfasst, zum Teil einer **Stiftung,** um die Gelder für nötige Restaurations- und Instandhaltungsarbeiten für längere Zeit zu gewährleisten und das Schloss für die Zukunft zu bewahren. Am 2. Januar 2011 starb mit dem Baron der letzte Bewohner des Schlosses. Seine fünf Töchter und deren Familien haben aber immer noch das Recht, im September eines jeden Jahres im Schloss zu wohnen.

Bei einem Besuch kann man sich die Einrichtung des Schlosses ansehen, wie sie Baron Etienne und seine Frau Hélène hinterlassen haben. Einzelne Erbstücke und Teile des Schlosses stammen noch aus älteren Zeiten, etwa dem Mittelalter, doch die beiden haben die einzelnen Räume meist im neogotischen Stil, versehen mit den Annehmlichkeiten moderner Technik, einrichten lassen.

› Kasteellaan 1, 3455 RR Haarzuilens, Tel. 030 6778515, www.kasteeldehaar.nl, tgl. 10–16.30 Uhr, Parkplatz: 7 €, Eintritt 19 €, 4–12 Jahre 12,50 €, nur Park: 7 €, 4–12 Jahre 5 €
› Von Utrecht CS Sprinter Richtung Den Haag Centraal bis Station Vleuten, danach Bus 127 (am Wochenende auch Bus 111) Richtung Kasteel de Haar, Haltestelle Kasteel de Haar

29 Slot Zuylen ★★

Es ist eines der ältesten Schlösser am Fluss Vecht. Seine Besitzer waren einflussreiche Persönlichkeiten der niederländischen Geschichte.

Die Anfänge des Schlosses gehen bis ins 13. Jh zurück. 1250 baute **Frank van Borssele** einen Donjon, der aber bei Auseinandersetzungen im frühen 15. Jh. zerstört wurde. Erst 100 Jahre später (etwa 1525) ließ **Graf Willem van Rennenberg** ein Schloss an der Stelle der alten Ruine bauen.

1752 ließ **Diederik Jacob van Tuyll van Serooskerken** aus dem mittelalterlichen Bau einen französisch anmutenden Landsitz machen. Dadurch entstand eine **U-Form**, für die man eine Wehrmauer und einen Wassergraben entfernte und einen neuen Flügel anbaute. Während man vorher nur von Zimmer zu Zimmer gehen konnte, wurde jetzt auch ein Flur angebaut, durch den man die einzelnen Räume direkt betreten konnte. Seit dieser Zeit sind keine wesentlichen Veränderungen mehr vorgenommen worden.

„Ich habe nicht das Talent, mich unterzuordnen" – Belle van Zuylen

Die später als Belle van Zuylen oder Isabelle de Charrière bekannte Schriftstellerin und Komponistin wurde 1740 als Isabella Agneta Elisabeth van Tuyll van Serooskerken in eine Familie des niederländischen Hochadels hineingeboren. Erzogen von französischen Gouvernanten beherrschte sie schon bald fließend die französische Sprache, doch das intelligente und aufgeweckte Mädchen lernte auch noch Deutsch, Englisch, Italienisch und Latein. Da sie außerdem in Fächern wie Naturkunde, Mathematik, Musik und Theologie unterrichtet wurde, war sie weitaus gebildeter als die meisten Frauen, aber auch viele Männer ihrer Zeit. Sie besuchte zudem Vorlesungen an der Universität, auch wenn sie dort nicht offiziell studieren durfte. Ihrer Meinung nach sollten sowohl Männer als auch Frauen die Möglichkeit haben, sich durch Lernen und Studium weiterzuentwickeln.

Obwohl es nicht an Heiratskandidaten mangelte, trat sie erst als 30-Jährige mit dem Schweizer Charles-Emanuel de Charrière de Penthaz in den Stand der Ehe. Dieser ließ ihr die Freiheit, zu korrespondieren und zu schreiben und sich ihren anderen Talenten zu widmen.

Belle reiste und unterhielt Zeit ihres Lebens rege Briefwechsel mit Intellektuellen, Schriftstellern und Künstlern ihrer Zeit. Im Alter von 22 veröffentlichte sie ihre erste Novelle, „Le Noble", eine Satire auf den Adel. Zwar unter Pseudonym geschrieben, kam doch bald heraus, dass sie die Autorin war, woraufhin ihr Vater alle Exemplare aus dem Handel nehmen ließ. Sie schrieb zahlreiche Werke, die sie mit ihrem eigenen Geld drucken ließ. Die Auflagen waren eher klein und dies ist mit ein Grund, warum es einige Zeit dauerte, bis ihre schriftstellerische Arbeit wiederentdeckt wurde. Außerdem arbeitete sie am zweiten Teil der Autobiografie von Rousseau mit, zeichnete und komponierte. Seit der Jahrtausendwende ist das Interesse am Werk Belle van Zuylens auch durch Veröffentlichungen im Bereich der feministischen Literaturforschung wieder gestiegen.

Bis 1951 war das Schloss im Besitz der Familie Van Tuyll van Serooskerken, die es letztendlich in einer Stiftung unterbrachten, da die Unterhaltungskosten nicht mehr aufzubringen waren. Über das eigene Smartphone kann man eine **Audiotour** herunterladen, die Infos zu den interessantesten Elementen der Originalausstattung des Schlosses liefert. Den 1,5 ha großen **Park** und die Gartenanlage direkt um das Schloss kann man selbstständig erkunden. Die 120 m lange, wellenförmige Mauer dient als Schutz für empfindliche Pflanzen und in der Gartenanlage sind Elemente aus den verschiedenen Stilperioden erhalten geblieben, wodurch ein Spaziergang durch den Garten auch ein Spaziergang durch die Geschichte ist. Die ehemalige Remise wurde in ein **Informationszentrum** umgebaut und beherbergt das helle und freundliche **Museumscafé.**

› Toernooiveld 1, 3611 AS Oud-Zuilen, Tel. 2440255, www.slotzuylen.nl, April–Okt. Mi.–So. 11–16, Nov.–März Fr.–So. 11–16 Uhr, Eintritt: 16 €, 4–15 Jahre 8 €, nur Außenanlagen: ab 16 Jahre 3,50 €. Für die Schlossbesichtigung ist eine Reservierung erforderlich.

› Bus 12 Richtung Station Maarssen oder Bus 120 Richtung Amsterdam Bijlmer Arena (Haltestelle Oud-Zuilen), danach zu Fuß Richtung Oud-Zuilen auf der Zuilenselaan. Ab der Brücke ist Slot Zuilen ausgeschildert.

30 Fort bij Vechten – Waterlinie Museum ★★

Die Festung bei Vechten wurde zwischen 1867 und 1870 gebaut. Sie ist Teil einer 85 km langen Verteidigungslinie mit 46 Festungen östlich und südlich der Provinzen Noord- und Zuid-Holland mit ihren großen Städten Amsterdam, Den Haag und Rotterdam.

1815 beschloss man, die alte Verteidigungslinie zu erneuern. Allerdings wurden die Neuerungen erst 1870 fertiggestellt. Neu an der **Nieuwe Hollandse Waterlinie** war, dass jetzt auch die Stadt Utrecht geschützt wurde. Sollte der Fall eintreten, dass sich eine fremde Armee der Gegend nähert, wollte man den 85 km langen Streifen 3 bis 5 km breit unter Wasser setzen.

Die **Festungen** entziehen sich meist so weit wie möglich dem Auge und sind teils unterirdisch gebaut. Sie wurden noch bis zur Mobilmachung 1939 ständig modernisiert. Herzstück waren die vielen **Schleusen,** die das Land im Verteidigungsfall unter Wasser setzen sollten. Sie wurden aber nie für den Ernstfall geöffnet.

In den Gemäuern von Fort Vechten befindet sich auch das **Waterlinie Museum,** in dem eindrucksvoll gezeigt wird, wie die Niederlande die Wasserlinie zur Landesverteidigung genutzt hätten. Im Innengarten der Festung veranschaulicht ein Modell der Waterlinie, wie ganze Landstriche im Nu hätten unter Wasser gesetzt werden können. Höhepunkt ist der virtuelle Fallschirmsprung, bei dem man die Waterlinie von oben betrachten kann.

› Achterdijk 12, Bunnik, Tel. 6565285, www.waterliniemuseum.nl, Di.–So. 10–17 Uhr, Eintritt 10 €, Kinder 5–12 Jahre 6,25 €, Familienkarte (2 Erwachsene und max. 3 Kinder) 32,50 €, Parkplatz 4,50 €, Bus 41 Richtung Wijk bij Duurstede bis Haltestelle Oud Amelisweerd und 14 Min. Fußweg. Das Museum liegt direkt an der A12 und ist über den großen, gebührenpflichtigen Parkplatz zu erreichen (400 m Fußweg). Mit Museumscafé und -laden.

31 Herman van Veen Arts Center ★★★

Der berühmte Musiker, Autor, Maler und Clown hat mitten in einem Naturgebiet ein lebendiges Kunstzentrum erschaffen.

Herman van Veen, geboren 1945 in Utrecht, ist unter anderem der geistige Vater der Figur **Alfred Jodocus Kwak** und geht noch regelmäßig auf große Konzerttouren, auch in den deutschsprachigen Ländern. U. a. wurde er für seine Verdienste um das deutsch-niederländische Verhältnis mit dem **Bundesverdienstkreuz** ausgezeichnet.

Im Arts Center finden regelmäßig Konzerte, Tanzvorstellungen und Theatervorführungen statt. In der Villa mit gemütlicher Cafeteria gibt es eine **Dauerausstellung** mit Gemälden von Herman van Veen, aber auch Wechselausstellungen. Auch der Maestro selbst tritt hier regelmäßig in intimer Atmosphäre mit großer oder kleinerer Besetzung auf.

067ut-bs

Karten sollte man online bestellen. Alle Vorstellungen, Veranstaltungen und Ausstellungen sind kostenlos, eventuell wird ein kleiner Obolus für das Ticketsystem erhoben. Am Wochenende gibt es tagsüber regelmäßig auch Veranstaltungen für Kinder.

Im schönen **Naturgebiet** mit Heide, Wäldern und Kunstwerken im Freien kann man spazieren gehen. Und wer weiß, vielleicht läuft man hier auch Herman van Veen selbst oder Alfred Jodocus Kwak über den Weg.

› Landgoed de Paltz 1, 3768 MZ Soest (in Navigationssystemen Hausnummer 2 oder Van Weerden Poelmanweg eingeben), Tel. 0346 330003, www.hermanvanveenartscenter.com, Di.–So. 11–17 Uhr und für Abendveranstaltungen. Im Naturschutzgebiet sind Hunde nicht erlaubt und es gibt keine Parkplätze. Parken am Hilton Royal Parc Soestduinen Hotel. Von dort geht man in ca. 15 Minuten zur Villa.

32 Nationaal Militair Museum ★

Das Nationaal Militair Museum veranschaulicht, wie man ein Land verteidigt, das so nah am Wasser gebaut hat und teilweise sogar unter dem Meeresspiegel liegt. Es erzählt die **Geschichte der niederländischen Armee und Luftwaffe,** erläutert die speziellen Möglichkeiten und Schwierigkeiten der Landesverteidigung durch die Jahrhunderte hindurch, die Rolle des Militärs als Kolonialmacht, als besetztes Land während der napoleonischen Zeit und des Zweiten Weltkriegs sowie aktuelle Themen wie der Teilnahme an NATO- und UNO-Ver-

‹ Herman van Veen bei einem Auftritt in seinem Art Center

bänden und den Umgang mit terroristischen Bedrohungen. Zudem gibt es Installationen, bei denen die Besucher selbst aktiv werden können oder man hört und sieht in Sitzecken (ehemaligen) Soldaten zu, wie sie in Audio- und Videoaufnahmen eindrucksvoll von ihren Einsätzen berichten.

Höhepunkt der Ausstellung sind sicher die **Originalflugzeuge** (die zum Teil von der Decke hängen, als würden sie gerade einen Luftkampf bestreiten), **Hubschrauber, Panzer** (unter anderem ein Leopard 2) und andere Raupenfahrzeuge sowie **Sanitätswagen** von früher und heute. Außerdem befindet sich im Museum die einzige V2-Rakete außerhalb Deutschlands und eine Enigma-Chiffriermaschine.

Das Museum ist nicht nur etwas für Militärliebhaber. Hier wird mit Für und Wider militärischer Auseinandersetzungen oder Notwendigkeiten durchaus verantwortungsvoll nuanciert umgegangen.

› Verlengte Palzterweg 1, 3768 MX Soest, Tel. 085 0036000, www.nmm.nl, Di.–So. 10–17 Uhr, Schulferien tgl. 10–17 Uhr, Eintritt 19,50 €, 4–12 Jahre 11 €

33 Huis Doorn ★★★

Als Schloss wird es der ehemalige deutsche Kaiser nicht empfunden haben, als er das Gebäude einschließlich Park im Jahr 1920 käuflich erwarb. Ganz freiwillig war er nicht gekommen, aber die Flucht ins neutrale Holland hat ihm wohl das Leben gerettet.

Aufgrund der unabwendbaren Niederlage und der nervösen und nicht gerade kaiserfreundlichen Situation in Berlin überzeugte der Generalstab den Kaiser am 9. November 1918, abzudanken. Als **Wilhelm II.** um

027ut-bs

14 Uhr zustimmte, als Deutscher Kaiser, nicht aber als Preußischer König zurückzutreten, war es zu spät. Prinz Max von Baden, kurz zuvor zum Kanzler berufen, hatte gerade bekannt gegeben, dass Wilhelm II. von beiden Titeln Abstand genommen habe.

Wilhelm sollte in ein neutrales Land **ins Exil gehen.** Eine Reise in die Schweiz wurde als zu gefährlich erachtet, also kamen nur die Niederlande infrage. Am 10. November 1918 setzte sich der Zug um 5 Uhr Richtung Holland in Bewegung. Aus Angst vor einem Anschlag entschied man sich aber schnell, die Reise doch in Autos fortzusetzen.

Als Wilhelm II. mit kleinem Gefolge um 6 Uhr früh am 10. November 1918 plötzlich an der belgisch-niederländischen Grenze bei Eijsden stand, war das für seine Verwandte, **Wilhelmina, Königin der Niederlan-**

„Tafelrunde" Kaiser Wilhelms II. im Exil im Huis Doorn

de, eine diplomatisch recht schwierige Position. Immerhin hatten die Niederlande sehr darauf geachtet, während der letzten vier Jahre eine strenge Neutralitätspolitik zu führen. Andererseits trug Wilhelm auch den Titel Prinz von Oranien wie alle Hohenzollern seit 1702.

Am 11. November 1918, dem Tag der deutschen Kapitulation, teilte die niederländische Regierung Wilhelm II. kurz nach Mitternacht mit, dass sie ihn im Kasteel Amerongen aufnehmen würde. Im Schloss des Grafen **Godard van Aldenburg Bentinck** fand Wilhelm mit seinem Gefolge zunächst eine Unterkunft. Der Graf war wie Wilhelm Mitglied des Johanniterordens und hätte darum das Gesuch der niederländischen Regierung nur schwer verweigern können. Ursprünglich sollten die deutschen Gäste drei Tage bleiben – daraus wurden anstrengende 18 Monate.

Bis vor Kurzem ging man davon aus, dass Königin Wilhelmina von den Vorgängen gänzlich überrascht war, doch neuere Forschungen zeigen, dass ein paar Tage vor Wilhelms Flucht ein niederländischer Offizier in Belgien war und auch andere Indizien weisen darauf hin, dass der Schritt geplant war. Diplomatisch war das Ganze ansonsten überhaupt nicht mehr zu rechtfertigen. Tatsächlich forderten die Siegermächte auch sogleich die Auslieferung Wilhelms. Dem widersetzten sich die Niederlande aber letztlich.

Am 28. November 1918 dankte Wilhelm in Kasteel Amerongen schriftlich als König von Preußen und Kaiser von Deutschland ab. Am 16. August 1919 kaufte er Huis Doorn, das er erst einmal gründlich renovieren ließ und am 15. Mai 1920 zog er mit seiner Frau ein.

Mit der ersten demokratischen Regierung in Berlin wurden zähe Verhandlungen darüber geführt, welche Gegenstände der abgedankte Kaiser in sein Exil in Holland bringen durfte. Letztendlich einigte man sich auf über 30.000 Gegenstände, die in 59 Waggonladungen nach Doorn gebracht wurden.

Da das Haus noch heute so eingerichtet ist wie zu Lebzeiten des Kaisers, enthält es nicht nur die größte **Sammlung deutscher Kunst und Kunsthandwerks** außerhalb Deutschlands. Sie bietet auch einen einmaligen Einblick, wie Wilhelm seine letzten 21 Lebensjahre verbrachte. Er hat es fertiggebracht, jeden einzelnen Raum mit Barockmöbeln, Meißner Porzellan, Silber, Kitsch und Kunst, vor allem aus dem 17. und 18. Jh., unglaublich vollzustopfen.

Uniformen des Kaisers, man beachte den jeweils kürzer geschneiderten linken Ärmel, der von seinem bei der Geburt geschädigten kürzeren Arm ablenken sollte, zeigen seine Vorlieben fürs Militärische. Seine anderen Vorlieben, **Reiten** und **Holzhacken**, musste er im Exil nicht aufgeben. Die von ihm gespaltenen Baumstämme/-ringe wurden sogar sorgfältig nummeriert. Wilhelm ritt jeden Tag aus. Auch am Schreibtisch hatte er auf mehreren Stühlen zum Sitzen Reitsättel montieren lassen – unter heutigen ergonomischen Gesichtspunkten ja vielleicht sogar sehr gesund.

Siebzehn Meter Höhe sind in den flachen Niederlanden genug, um kilometerweit sehen zu können

Im **Garten**, neben dem Weg zum Mausoleum, sind seine geliebten Hunde begraben. Im Mausoleum steht der Sarg mit den sterblichen Überresten Wilhelms, bedeckt von seinem Wappen als deutscher Kaiser.

› Langbroekerweg 10, 3941 MT Doorn, Tel. 0343 421020, www.huisdoorn.nl, Di.-So. 13-17 Uhr, Eintritt 12 €, Kinder 7-18 Jahre 6,50 €, deutschsprachige Führung Di.-Sa. 13.30 und 15 Uhr

› Von Utrecht CS (Jaarbeurszijde) Bus 50 Richtung Wageningen (Haltestelle Doorn, Centrum), zu Fuß bis zur Kreuzung, dort rechts auf den Langbroekerweg (Fußweg ca. 900 m).

Auch **Kasteel Amerongen** kann besichtigt werden, allerdings nur während einer Schlossführung (ca. eine Stunde). Es steht aber lange nicht so im Zeichen Wilhelm II. wie Huis Doorn.

★8 **Kasteel Amerongen,** Dorstestraat 20, 3958 BK Amerongen, Tel. 0343 563766, www.kasteelamerongen.nl, April-Okt. Di.-So. 11-16, Nov.-März Do.-Sa. 11-16 Uhr, Eintritt 17,50 €, Kinder 4-18 Jahre 8,50 €. Das Schloss ist nicht beheizt.

34 Pyramide von Austerlitz ★★

1804 hatte der 30-jährige **Auguste Frédéric Louis Viesse de Marmont,** französischer General Napoleons im Herzen der damals unter französischer Herrschaft stehenden Batavischen Republik, dem Vorläufer des Königreichs Holland, die Idee, eine Pyramide zu errichten, wie er sie 1798 in Gizeh mit eigenen Augen gesehen hatte.

Marmont war Oberbefehlshaber über 18.000 französische und niederländische Truppen, um eine erneute Invasion Englands in den Niederlanden zu verhindern.

Er zog alle 18.000 Soldaten zusammen und ließ an einem der höchsten Orte der weiten Umgebung, auf dem Utrechtse Heuvelrug bei Woudenberg, ein riesiges **Militärlager** bauen. Das „schönste Militärlager der Welt" (so Marmont) war 3 km lang und 500 m breit. Die Invasion blieb aus und um die Truppen bei schönem Wetter beschäftigt und bei Laune zu halten, ließ Marmont zu Ehren Napoleons die Pyramide errichten.

028ut-bs

Zu diesem Zeitpunkt bestand die Umgebung aus offener Heidelandschaft. Die **Pyramide aus Erde**, in die Grassoden gepflanzt wurde, wurde von den Soldaten in nur 27 Tagen gebaut. Auch Marmont und seine Generäle packten mit an und selbst Besucher wurden gebeten, Sandsäcke zu schleppen. Am 8. Oktober war das Bauwerk fertig und wurde vier Tage später eingeweiht. Zunächst prunkte oben ein Obelisk aus Holz. Der verrottete allerdings und später wurde ein steinerner Obelisk errichtet.

Die Pyramide steht interessanterweise in einer Sichtachse zum Dom von Utrecht, dem Schloss Zeist und dem Kirchturm Onze Lieve Vrouwetoren in Amersfoort. Da sie auf einem der höchsten Punkte im weiten Umkreis steht, mag es auch einen militärischen Grund gegeben haben, das Militärlager und die Pyramide genau hier zu errichten.

Marmont widmete die Pyramide zwar offiziell Napoleon Bonaparte, doch sie war anfangs als Marmontberg bekannt. Eine der kleinen zivilen Hüttenansammlungen direkt neben dem Militärlager trug den Namen Marmontville. König Lodewijk (Louis) Bonaparte ordnete an, dass die Pyramide und die kleine Besiedlung künftig **Austerlitz** heißen sollten. Als Marmont dies vernahm, protestierte er per Brief. Er habe die Pyramide schließlich nicht so sehr gebaut, um den Kaiser zu ehren, als vielmehr „zu bewerkstelligen, dass man sich an meinen Namen in den Gegenden, in denen ich geherrscht habe, erinnern wird".

Die Pyramide ist über den Parkplatz an der N224, der Straße zwischen Zeist und Woudenberg, zu erreichen. Dort gibt es auch einen kleinen Spielplatz und ein Café. Der Weg vom Parkplatz durch den Wald ist in zwei Minuten zu bewältigen.

› N224, Zeisterweg 98, 3931 MG Woudenberg, Tel. 2219719, www.monumentdepyramidevanausterlitz.nl, Winter So. 12–16, Sommer tgl. 10–17 Uhr, Eintritt: 3,50 €, 4–12 Jahre 1,50 € (nur Kartenzahlung)

› **Restaurant und Spielplatz**, Tel. 0343 491421, www.pyramidevanausterlitz.nl, Nov.–März So. 10–18 Uhr, März–Okt. Di.–Fr. 10–17, Sa., So. 10–18 Uhr. Vom Parkplatz aus gibt es auch beschilderte Wander- und Fahrradwege.

UTRECHT ERLEBEN

029ut-bs

Utrecht für Kunst- und Museumsfreunde

Utrecht hat keinen Überfluss an Museen, aber die Museen, die es hat, sind es allemal wert, sorgfältig entdeckt zu werden. Ihre Vielfalt machen einen oder mehrere Museumstage keineswegs langweilig und auch für Kinder gibt es durchaus abwechslungsreich und interessant gestaltete Museen.

In früheren Zeiten hing die Kunst in Utrecht vor allem mit der **Kirche** zusammen, und zwar mehr als in anderen Städten. Vor der Reformation waren bis zu 10 % der Bevölkerung Geistliche, Mönche und Nonnen und so war auch der wirtschaftliche Einfluss der Kirche in der Stadt enorm. Dies zog Edelschmiede, Handwerker und Künstler in die Stadt. Mit der Reformation fielen für viele Silberschmiede ihre wichtigsten Auftraggeber weg. Heute kann man einige ihrer mitunter kostbaren Arbeiten noch im **Museum Catharijneconvent** (20) bewundern.

Was die Malerei betrifft, so heben sich vor allem die Utrechter **Caravaggisten** ab. Sie begannen, das raffinierte Spiel mit Schatten und Licht in die Niederlande zu bringen. Zu sehen sind diese zum Teil berühmten Gemälde im **Centraal Museum** (17). Dort finden sich auch so weltberühmte Werke der angewandten Kunst wie der **Rot-Blaue Stuhl** von Gerrit Rietveld und weitere Objekte der Stilrichtung **De Stijl**, für die das **Rietveld Schröderhuis** (27) wohl als exemplarisch gelten kann. Die Verwandtschaft zum Bauhaus ist unübersehbar.

Überhaupt scheint das Praktische, das Tüfteln, den Utrechtern zu liegen, wie sich auch im **Spoorwegmuseum** (25) und im **Museum Speelklok** (13) zeigt.

Museen

M9 **Botanische Tuinen**, Budapestlaan 17 (Utrechts Science Park), Tel. 2531890, www.uu.nl/en/utrecht-botanic-gardens, März–Nov. tgl. 10–16.30 Uhr, Eintritt: 10 €, 4–17 Jahre und Studenten 4,50 €, S-Bahn 20, 21, 22 (Padualaan), Bus 28 (Botanische Tuinen). Der 9 ha große Garten dient noch immer Forschungs- und Lehrzwecken, doch auch für Besucher ist die Besichtigung eine abwechslungsreiche und die Sinne anregende Erfahrung, die man z. B. im Zimmerpflanzenladen oder im Café ausklingen lassen kann.

(17) [H7] **Centraal Museum.** Das älteste städtische Museum der Niederlande verfügt über eine abwechslungsreiche Sammlung an Kunst und Kunsthandwerk von alten Meistern bis zu modernen Künstlern, aber auch Designstücke u. a. von Rietveld und De Stijl sowie die Werke von Dick Bruna (Miffy/Nijntje). Auch ein jahrhundertealtes Schiff ist Teil der Ausstellung (s. S. 44).

(2) [G4] **Domtoren.** Seit Jahrhunderten dient der 112 m hohe Turm der Domkirche als Orientierungspunkt in der Stadt. Auf dem Weg nach oben kann man u. a. die Michaels- und die Egmondskapelle sowie das Glockenspiel besichtigen und wird dann mit einer grandiosen Aussicht belohnt (s. S. 25).

(3) [G4] **DOMunder.** Der Domplatz ist seit der Besiedlung durch die Römer einer der wichtigsten Orte der Stadt. Unter ihm kann man Ausgrabungsfunde in einer interaktiven Ausstellung besichtigen (s. S. 26).

Vorseite: Blumenverkäuferin auf dem samstäglichen Blumenmarkt (s. S. 56)

30 **Fort bij Vechten – Waterlinie Museum.** Das Fort war Teil einer 85 km langen Verteidigungslinie. Im Museum kann man auf vielfältige Weise erleben, wie man sich gegen eindringende Armeen verteidigen wollte (s. S. 67).

31 **Herman van Veen Arts Center.** Der vielseitige Künstler Herman van Veen hat sich hier in einem Naturgebiet den Traum eines lebendigen Kulturzentrums erfüllt, in dem Konzerte, Lesungen und Kunstausstellungen stattfinden (s. S. 68).

25 [J5] **Het Spoorwegmuseum.** Das Eisenbahnmuseum ist ein Erlebnis für große und kleine Eisenbahnfans. Kinder können vieles anfassen und ausprobieren oder auch eine virtuelle Achterbahnfahrt mitmachen und lernen so spielend etwas über die 185-jährige Geschichte der niederländischen Eisenbahnen (s. S. 60).

M10 [G5] **Het Utrechts Archief,** Hamburgerstraat 28, Tel. 2866611, www.hetutrechtsarchief.nl, Di.–So. 10–17 Uhr, Eintritt: ab 13 Jahre 3,50 €, Studenten frei. Mehrmals per Jahr werden aus einer Sammlung von Fotos, Drucken, Zeichnungen und Filmen Ausstellungen zu einem bestimmten Thema organisiert.

33 **Huis Doorn.** Kaiser Wilhelm II. lebte hier bis zu seinem Tod 21 Jahre im Exil. Um sich heimisch zu fühlen, brachte er eine einzigartige Sammlung deutscher Kunst und deutschen Kunsthandwerks mit (s. S. 69).

28 **Kasteel de Haar.** Ende des 19. Jh. verwandelte Baron Etienne van Zuylen van Nijevelt den heruntergekommenen „Kasten“ mithilfe der Mitgift seiner Frau Hélène de Rothschild in ein Märchenschloss, das zu einem Zentrum des internationalen Jetsets avancierte (s. S. 64).

20 [G5] **Museum Catharijneconvent.** Hier findet der Besucher die wichtigste Sammlung christlich-religiöser Kunst in den Niederlanden: Bildhauerwerke, Altarstücke, Gemälde, Handschriften, alte Drucke, Textil sowie Gold- und Edelschmiedearbeiten (s. S. 50).

13 [F4] **Museum Speelklok.** In allen Ecken klingt Musik, denn im Museum bekommt man die unterschiedlichsten selbstspielenden Musikinstrumente in allen möglichen Größen zu sehen, aber vor allem auch zu hören (s. S. 39).

M11 [F3] **Museum voor het Kruideniersbedrijf,** Hoogt 10, Tel. 2006955, www.kruideniersmuseum.nl, Di.–Do. 12.30–16.30, Fr., Sa. 11.30–17 Uhr, Eintritt: frei. In einem schönen, alten Haus aus dem 17. Jh. befindet sich dieser winzige,

Greifbare Geschichte: das Utrechtse schip im Centraal Museum 17

originalgetreu eingerichtete Krämerladen, in dem historische Produkte, die für Niederländer einen ikonischen Stellenwert besitzen, ausgestellt sind. Zusätzlich kann man hier nach altem Rezept hergestellte Süßigkeiten kaufen.

32 **Nationaal Militair Museum.** In einer Ausstellung, die Möglichkeiten zum Mitmachen bietet, wird die Geschichte der Landesverteidigung und des Militärs dargestellt und hinterfragt (s. S. 68).

27 **Rietveld Schröderhuis.** Gerrit Rietveld und Truus Schröder hatten mit dem Bau eines flexiblen, offenen und lichtdurchfluteten Hauses einen prägenden Einfluss auf die Architektur des beginnenden 20. Jh. Die cleveren Ideen, die hier angewendet wurden, überraschen auch noch heute die Besucher (s. S. 62).

29 **Slot Zuylen.** Ein hübsches, in französischem Stil gebautes kleines Schloss, bei dessen Besichtigung man etwas über das tägliche Leben von einflussreichen Persönlichkeiten der niederländischen Geschichte erfährt (s. S. 66).

19 [H6] **Sonnenborgh – Museum und Sternwarte.** Die mittelalterliche Bastion beherbergt die Sternwarte mit ihrer Ausstellung zum Weltall. Außerdem nahm hier das Meteorologische Institut der Niederlande seinen Anfang (s. S. 47).

M12 [H6] **Universiteitsmuseum Utrecht mit Oude Hortus**, Lange Nieuwstraat 106, Tel. 2538008, www.umu.nl, Di.–So. 10–17 Uhr, Café und Laden 10–17.30 Uhr, in den Schulferien (außer Sommerferien) auch Mo. geöffnet, Eintritt: 4–17 J. 7 €, Erwachsene 14 €, nur Oude Hortus 5 €. Museum für kleine und große wissbegierige Menschen. Die Frage: „Wie erhält man eigentlich wissenschaftliche Erkenntnisse?" führt durch die Ausstellung und ermutigt zum Ausprobieren, Nachdenken und Selbst-Hypothesen-Aufstellen. Der Oude Hortus – der alte botanische Garten – bietet Studenten seit 1723 die Möglichkeit, Pflanzen zu wissenschaftlichen Zwecken zu studieren, und ist heute eine grüne Oase der Ruhe.

Kunstgalerien

G13 [G4] **AG,** Minrebroederstraat 16, www.ag.hku.nl, Mi.–Sa. 12–18 Uhr. AG ist ein Ausstellungsraum für Neue Kunst und Medien der Utrechter Kunsthochschule. Hier wird aufstrebenden Talenten eine Plattform geboten.

G14 [G6] **De KunstSalon,** Oudegracht 315, Tel. 2132600, www.dekunstsalon.com, Mi.–So. 12–17 Uhr. Werke zeitge-

Das Rietveld Schröderhuis 27 beeindruckt auch heute noch mit seinen innovativen Architekturideen

031ut-bs

nössischer, vor allem niederländischer, aber auch internationaler Künstler, auch Fotografien.

15 [G5] **Galerie Wed,** Wed 2, Tel. 0645595045, Do.–Fr. 12–17.30, Sa. 11–17 Uhr, www.galeriewed.nl. Grafiken, Gemälde, Zeichnungen und Skulpturen vor allem zeitgenössischer niederländischer Künstler.

16 [G5] **GrachtenGalerie,** Oudegracht 185, Tel. 2367865, www.grachtengalerie.nl, Mi.–Sa. 12–17 Uhr. Plastiken, Skulpturen und Gemälde vor allem niederländischer Künstler.

17 [H3] **Kunst/Werk,** Wittevrouwenstraat 34, Tel. 2322939, www.kunstwerkinlijsten.nl/galerie, Mi.–Fr. 10–17, Sa. 10–14 Uhr.Zeitgenössische Werke vor allem niederländischer Künstler.

18 [G3] **Kunstliefde,** Nobelstraat 12a, Tel. 2314218, Mi.–So. 13–17 Uhr, www.kunstliefde.nl. Zeitgenössische Kunst von Utrechter und jungen internationalen Künstlern.

19 [G6] **Morren Galleries und Morpho Fine Art Photography,** Oudegracht 338–340, Tel. 0654916131, www.morrengalleries.nl, Fr., Sa. 11–17, So. 12–17 Uhr. Vor allem figurative Kunst, Skulpturen, Gemälde, Lithografien, Zeichnungen und Fine-Art-Fotografie niederländischer und internationaler Künstler.

Kunst unter freiem Himmel

An der 1 km langen Straße **Maliebaan** [K3/J4] wurde 1982 damit begonnen, eine **Kunstroute** (Beeldenroute) zu entwickeln. Bislang stehen 17 Skulpturen entlang des inneren Fußgänger- und Radwegs der Straße. Alle Skulpturen wurden von Frauen, zeitgenössischen niederländischen und internationalen Künstlerinnen, erschaffen.

Der Utrechter Künstler JanIsDeMan hat einige **Graffiti** in der Stadt geschaffen. Das bekannteste ist der Bücherschrank, den er zusammen mit seinem Stadtkollegen Deef Feed gesprüht und gemalt hat. Die beiden Künstler haben die Anwohner gefragt, welches ihre Lieblingsbücher sind – und diese sind jetzt auf der Häuserwand Ecke Mimosastraat und Amsterdamsestraatweg zu sehen.

Auf der niederländischsprachigen Website **www.kunstinopenbareruimte-utrecht.nl** findet man eine Beschreibung von weit über 400 Kunstwerken im Freien. Klickt man auf „Ontdek de collectie" und dann auf „Toon collectie op de kaart", wird ein Stadtplan angezeigt, auf dem alle Kunstwerke eingetragen sind. Man kann alle Punkte anklicken und erhält Infos dazu.

032ut-bs

Mannshohe Skulpturen auf der Maliebaan

Utrecht für Genießer

Die niederländische Küche

Traditionell ist die niederländische Küche weniger raffiniert und eher als **einfach und nahrhaft** zu bezeichnen, auch wenn es inzwischen Sterneköche gibt, die traditionelle Zutaten als Basis ihrer Kochkunst verwenden. Es gibt aber auch in Utrecht viele **internationale Restaurants**, die Wohlschmeckendes aus aller Herren Länder anbieten.

Zu den klassischen niederländischen Gerichten gehören **Stamppot** (Eintopf aus Grünkohl, Kartoffeln und Knackwürsten), **Hutspot** (Eintopf aus Mohrrüben und Zwiebeln), **Pannekoeken** (große süße oder auch herzhafte Pfannkuchen), **poffertjes** (kleine Kugeln aus Pfannkuchenteig) und an kalten Wintertagen **Erwtensoep** (dicke Erbsensuppe mit Speck und Fleischeinlage) sowie **Fischgerichte. Stroopwafels**, die köstlichen, karamellgefüllten Waffeln gibt es in jedem Supermarkt verpackt zu kaufen, doch am besten schmecken sie noch warm auf dem Markt.

033ut-bs

Gastro- und Nightlife-Areale
Bläulich hervorgehobene Bereiche in den Karten kennzeichnen Gebiete mit einem dichten Angebot an Restaurants, Bars, Clubs, Discos etc.

Uit de muur – aus der Mauer

Wenn man in Utrecht mal zwischendurch einen Imbiss braucht, bieten sich einige Möglichkeiten. Beliebt sind die **Pommesbuden** *(patatzaak)*, in denen man Pommes frites mit zahlreichen Soßen bekommt. Eine Tüte kostet etwa 4 bis 5 €, mit Mayonnaise, Ketchup, Erdnusssoße o. Ä. bis zu 6,50 €. Man sollte aber *vlaamse friet* (belgische Pommes) wählen, denn diese werden normalerweise aus frischen Kartoffeln geschnitten. Oft werden noch **andere frittierte Speisen** wie *Kroketten* (große Kroketten mit Fleischfüllung), *Kaassouflees* (Kroketten mit einer Käsefüllung), *Bami-* oder *Nasirollen* (Kroketten mit einer Nudel-Gemüse- oder Reis-Gemüse-Füllung) angeboten, die man sich **„aus der Mauer“** holt, das heißt aus kleinen Fächern in der Wand, nachdem man den entsprechenden Betrag im Automaten eingeworfen hat.

Das wohl beliebteste **Sandwich** der Stadt ist das *broodje Mario,* das bei Mario (s. S. 83) an der Oudegracht verkauft wird. Wobei Brötchen untertrieben ist. Das riesige Sandwich mit italienischem Brot wird mit Käse,

◁ Biologische Bäckerei und Slow-Food-Restaurant: De Veldkeuken (s. S. 93) in Amelisweerd

▷ Heiß begehrt: Die Restaurantterrassen an der Oudegracht

MEIN TIPP

Utrechter Spezialitäten

Zu den Besonderheiten, die man nur in Utrecht bekommt, gehören natürlich die **Domtorentjes** (große mit einer Crème gefüllte Schokoladentaler mit einer Abbildung des Domturms), eine Spezialität der Banketbakkerij Theo Blom (s. S. 91). Dort bekommt man auch **Botersprits** (Spritzgebäck), das ein weiterer Utrechter Klassiker ist. Wer den Domturm noch in einer anderen Variante kosten möchte, findet ihn aus herrlich leckerer **Schokolade** bei Cacao (s. S. 91).

In zahlreichen Gaststätten der Stadt wird auf Häppchenplatten **Vocking-Worst** angeboten. Das Rezept der Leberwurst von Slagerij Vocking ist seit Ende des 19. Jh. unverändert und ungebrochen beliebt. Man kann die Wurst in den meisten Supermärkten kaufen.

Salami, Rohkost, Chorizo und nach Wunsch mit Peperoni belegt. Auch Metzger verkaufen zur Mittagszeit teilweise belegte Brote und Bäckereien haben normalerweise auch immer etwas Herzhaftes im Angebot.

Die günstigen **chinesischen** oder **surinamisch-indonesischen Minirestaurants** *(Eethuis)* werden vor allem dann aufgesucht, wenn man selbst keine Lust zum Kochen hat.

Ein neuerer Trend sind die vielen **Streetfood-Restaurants.** Sie bieten Speisen, die man in anderen Ländern an einem Straßenstand oder Foodtruck bekommen würde. Die kleinen Portionen bieten viel Abwechslung, da man verschiedene Speisen ausprobieren kann, allerdings bemängeln viele Gäste, dass die Portionen oft zu klein ausfallen und im Verhältnis zu viel kosten, bis man sich dann richtig satt fühlt.

034ut-bs

Cafés, Eetcafés und Kneipen

In den Niederlanden bezeichnet das Wort **café** eine Kneipe, was bei Touristen häufig zu Verwirrung führt. Mit dem typischen *bruin café* („braunen Café“) ist die Kneipe um die Ecke gemeint. Der Name ist wohl auf die braunen Möbel, die dunkle Holzverkleidung und das schummrige Licht zurückzuführen. Mit diesen Kneipen verbinden die Niederländer eine intime, geborgene und gesellige Atmosphäre. Hier trifft man sich mit Freunden, um über Gott und die Welt zu reden und dazu einen *borrel* (Schnaps) oder ein *biertje* zu trinken. Normalerweise beschränkt sich das Angebot an Speisen hier auf die *bittergarnituur* (ein Teller voll frittierter Häppchen) oder einen Toast.

Möchte man eine etwas bessere Auswahl an Speisen (Suppen, belegte Brote, Salat und Kuchen) geht man in ein **Eetcafé**, **Grand café** oder **Koffiehuis.** Letzteres sollte man nicht verwechseln mit einem *Coffeeshop,* in dem der Haschverkauf geduldet wird, aber kein Alkohol ausgeschenkt werden darf.

Eine Tasse Kaffee, Tee oder Erfrischungsgetränke kosten zwischen 2,70 und 4,50 €. Oft findet man auf der Karte auch das Angebot *koffie met gebak* (Kaffee und Kuchen) für 8 bis 9 €. Sandwiches, Bagels, Toasts, Gemüsegerichte, Fingerfood und Kuchen/Torten beginnen bei ca. 7,50 bis 9 €, können aber bis zu 13 bis 15 € teuer werden, wenn sie etwas größer ausfallen und/oder interessante Beilagen bieten.

Restaurants

Normalerweise essen die Niederländer am Abend warm und eine größere Mahlzeit, während man mittags eher eine Kleinigkeit (belegte Brote, Suppen, Milch, Buttermilch) zu sich nimmt. Daher öffnen Restaurants teilweise erst gegen 17 Uhr.

Sie sind nicht so preisgünstig wie im deutschsprachigen Raum. Normalerweise **wartet man beim Eingang,** bis man einen Tisch zugewiesen bekommt. Der Service ist im Preis inbegriffen und das **Trinkgeld** liegt bei 5 bis 10 %. Man kann sich nach dem richten, was man zu Hause auch geben würde und schlägt den Betrag auf die Rechnung auf. Teilweise befinden sich charmante Restaurants in kleinen alten Gebäuden, was bedeutet, dass man **reservieren** sollte, wenn man sicher sein möchte, dass man einen Platz bekommt. Das empfiehlt sich inzwischen eigentlich in jedem Restaurant, denn das Gaststättengewerbe kämpft mit Personalmangel, weshalb viele Restaurants ihre Öffnungszeiten verkürzt haben.

Getränke

In Utrecht trinkt man gern mal ein **Bier.** Interessant ist das belgische Bier, das in vielen Spezialsorten (Starkbier unterschiedlicher Brauart) angeboten wird. Auch kommen immer mehr Mikrobrauereien auf, die spezielle Sorten vertreiben.

Niederländisches Bier wird nicht immer nach den Regeln des Reinheitsgebots gebraut, was vor allem auf die im Ausland bekannten Mar-

035ut-bs

Preiskategorien

Die Preiskategorien beziehen sich auf ein Hauptgericht ohne Getränke.

€	bis 20 €
€€	20–30 €
€€€	über 30 €

ken zutrifft. Im Ausschank wird das Bier in relativ schmale Gläser gefüllt. Unter dem Rand muss zwei Finger breit Schaum stehen bleiben und alles, was darüber hinausragt, wird mit einer Art Teigschaber weggestrichen.

Wesentlich stärker im Alkoholgehalt ist der **Wacholderschnaps Jenever.** Unterschieden wird *jonge* (junger) und *oude* (alter) *Jenever,* was allerdings nichts mit dem Alter, sondern mit der Herstellungsweise zu tun hat. Alter Jenever wird aus Malzwein hergestellt, was der alten Tradition entspricht. Beim jungen Jenever bildet industriell hergestellter Ethylalkohol die Grundlage, wodurch er einen leichteren Geschmack und eine klare Farbe hat.

Wein ist wie alle anderen alkoholischen Getränke relativ teuer, was ihn zu einem beliebten Geschenk bei Einladungen macht. Sehr großen Wert legt man zudem auf guten **Kaffee.** Eine gewöhnliche Tasse ist häufig eine Art Espresso oder Mokka. Gern wird Kaffee mit aufgeschäumter Milch, also als Cappuccino, getrunken und ein *koffie verkeerd* ist ein Milchkaffee.

Mineralwasser heißt in den Niederlanden *spa* (nach dem belgischen Kurort und dem gleichnamigen von dort vertriebenen Wasser), auch wenn eine andere Marke verkauft wird. Entsprechend der Farbe des Etiketts ist *spa rood* kohlensäurehaltiges Wasser und *spa blauw* ein Wasser ohne Kohlensäure.

Empfehlenswerte Restaurants und Imbisse

20 [F3] **ĂnĂn Streetfood** €€, Voorstraat 23, Tel. 7370659, www.restaurantanan.nl, Di.–So. 12.15–21 Uhr. Einfach eingerichtetes Restaurant für vietnamesisches Streetfood. Etwa drei bis vier Gerichte ergeben eine Hauptmahlzeit.

21 [G3] **Ana's Meze & Mangal** €€, Voorstraat 62, Tel. 2367282, www.anasmezemangal.nl, Mo.–Sa. 12–22 Uhr. Gekocht wird hier wie bei der türkischen Mama oder Oma zu Hause. Viele holen sich ein leckeres Essen zum Mitnehmen, doch es gibt auch ein paar Sitzplätze.

22 **Badhuis** €€, Willem van Noortplein 19, Tel. 7437207, www.restaurantbadhuis.nl, Mo. 15–24, Di.–So. 11–24 Uhr. In einem ehemaligen Badehaus, in dem die Bewohner des Viertels baden und duschen konnten, kann man heute in entspannter und ruhiger Atmosphäre französisch inspirierte Küche genießen.

23 [F4] **Bigoli** €, Schoutenstraat 12, Tel. 2304595, www.bigoli.nl, Di.–Sa. 10–17 Uhr. Es ist eigentlich ein Feinkostladen, doch man kann sich auch selbst leckere Sandwiches aus italienischen Spezialitäten zusammenstellen: verschiedene Brotsorten, gegrilltes Gemüse, zahlreiche Käsesorten und Fleischwaren.

24 [G1] **Bij Guusjes** €, 's Gravesandestraat 27, Tel. 2723450, www.etenbijguusjes.com, tgl. 10–24 Uhr, Lunch 11.30–15.30, Dinner 17.30–21.30 Uhr. Gemütliches Restaurant mit Vintage-Einrichtung, das gern von den Menschen aus der Nachbarschaft besucht wird.

Das Belgisch Biercafé Olivier (s. S. 86) befindet sich in der ehemaligen Kirche Maria Minor

Smokers' Guide

Seit 2008 herrscht in allen öffentlichen Gebäuden (auch Hotels, Restaurants, Bars, Cafés, Kneipen und Clubs) **Rauchverbot.** Zwar wurde das Rauchen lange Jahre toleriert, solange gesonderte Räumlichkeiten zur Verfügung standen, doch Ende 2019 kam es zu einem Gerichtsurteil, das auch diese Raucherräume verboten hat. Als Raucher wird man also auf die Straße verbannt, dies gilt auch für E-Zigaretten.

Das Rauchverbot gilt auch für **Coffeeshops** (s. S. 113), allerdings mit einer kuriosen Ausnahme: Da nur das öffentliche Rauchen von Tabak verboten ist, dürfen Marihuana-Joints (Marihuana = „wiet") und Haschisch-Pfeifen (Haschisch = „canabis"), die keinen Tabak enthalten, auch weiterhin konsumiert werden – und zwar ohne extra Raucherraum!

25 [E1] **Blij aan de Vecht** €€, Brugstraat 2, Tel. 2713080, www.blijaandevecht.nl, tgl. 17–22 Uhr. Gemütliches Restaurant, das leckere Kreationen in kleineren Portionen serviert, sodass man vieles probieren und teilen kann. Im Sommer mit Terrasse am Wasser.

26 [G9] **Camping Ganspoort** €€, Helling 87, Tel. 2006186, www.campingganspoort.nl, Mo.–Do. 8–23, Fr. 8–24, Sa. 10–24, So. 10–23 Uhr, Lunch 12–15, Dinner 17–21 Uhr. Das Restaurant hat eine herrliche Terrasse am Wasser und die Küche bietet eine gute Auswahl, sodass für jeden Geschmack etwas dabei ist.

27 [G9] **De Watertoren** €€, Heuveloord 25A, Tel. 3031216, www.watertorenutrecht.nl, Mo.–Do. 17.30–24, Fr.–So. 12–24 Uhr (Lunch 12–15.30 Uhr). Das Restaurant in einem ausgedienten Wasserturm besucht man natürlich vor allem wegen der tollen Aussicht. Umso mehr kann man sich darüber freuen, dass es außerdem kreative und leckere Gerichte gibt. Reservierung erforderlich.

28 [F3] **Filmtheater Slachtstraat** €€, Slachtstraat 5, Tel. 2004400, www.slachtstraat.nl/lunch-diner, tgl. 12–21 Uhr. Stilvoll eingerichtetes Restaurant an einem Ort der kulturellen Begegnung. Ruhiger als die nahe gelegenen Restaurants und Bars am Platz Neude.

29 [K2] **Goesting** €€, Veeartsenijpad 150, Tel. 2733346, www.restaurantgoesting.nl, täglich 12–24 Uhr. Als die Ausbildungsstelle für Tierärzte verlegt wurde, konnten all die schönen, alten Gebäude eine neue Funktion erhalten. Das Restaurant mit französisch-belgischer Küche befindet sich im ehemaligen Hundestall.

30 **Gran Cafe Brava** €€, Croeselaan 303, Tel. 2900299, www.brava-utrecht.nl, Mo.–Do. 10–24, Fr. 10–1, Sa. 11–1, So. 11–23 Uhr. Hierher kommt man für gesellige Stunden bei gutem Wein und leckeren Tapas und Pintxos.

31 [A4] **Jasmijn & ik** €, Kanaalstraat 219, Tel. 2938907, www.jasmijnenik.nl, Di.–Do. 17.30–23, Fr., Sa. 17.30–24 Uhr (Küche bis 22 Uhr). Asiatische Küche nach Möglichkeit aus Bio-Produkten, die für Fleischliebhaber, Vegetarier oder Veganer zubereitet werden können.

32 [B4] **Kleine Max** €, J.P. Coenstraat 69, www.kleinemax.nl, Mo.–Mi. 9–17, Do., So. 9–22, Fr., Sa. 9–23 Uhr. Das Café möchte den Bewohnern des Viertels Lombok einen Ort des Austauschs und der Begegnung bieten. Hier gibt es Frühstück, Mittagstisch und am Wochenende auch Dinner sowie verschiedene Programmangebote unter der Woche.

33 [A6] **Landhuis in de Stad** €, Park Oog in Al 1, Tel. 3107309, www.landhuisindestad.nl, Mo.–Mi. 8.30–18, Do., Fr. 8.30–23, Sa., So. 10–23 Uhr. Der Dichter und Adlige Everard Meyster ließ 1664 einen Landsitz außerhalb der Stadt anlegen, um die Stadterweiterung im Auge behalten zu können. Heute ist er ein Restaurant im Park, das regelmäßig Veranstaltungen anbietet, u. a. ein „Menü zum Mitessen“, bei dem eine kunterbunt zusammengewürfelte Gesellschaft an einem Tisch gemeinsam das Essen genießt. Für die Veranstaltungen ist eine Reservierung erforderlich.

34 [F4] **Mario** €, Oudegracht 130–132, www.broodjemario.nl, Mo.–Fr. 10.30–18, Sa. 10.30–17 Uhr. Jeder in Utrecht kennt das riesige Sandwich *broodje Mario* (Käse, Salami, Rohkost, Chorizo, eventuell Peperoni), aber es gibt auch noch viele andere belegte Brote und verschiedene Sorten Pizza zum Mitnehmen.

35 [G3] **Pomo** €, Wittevrouwenstraat 22, Tel. 2319272, www.restaurant-pomo.nl, Mi.–So. 17–22 Uhr. Einfaches Restaurant mit surinamischen und javanischen Speisen. Seit Jahren ein Klassiker in Utrecht.

36 [F5] **Restaurant Blauw** €€, Springweg 64, Tel. 2342463, www.restaurantblauw.nl, So.–Do. 17–22, Fr., Sa. 17–22.30 Uhr. Indonesisches Restaurant mit einer großen Auswahl an großen oder kleineren Gerichten, auch für Vegetarier sind die Wahlmöglichkeiten vielseitig.

MEIN TIPP

Lokale mit guter Aussicht

Die beste Aussicht bietet das Restaurant **De Watertoren** (s. S. 82), denn das Restaurant befindet sich in einem alten Wasserturm und bietet einen schönen Ausblick über die Stadt und von der Terrasse von **Camping Ganspoort** (s. S. 82) blickt man herrlich entspannt auf das Wasser des Kanals Vaartsche Rijn.

37 [F4] **Restaurant im Kaufhaus Hema** €, Steenweg 59, www.hema.nl, Mo.–Mi., Fr., Sa. 9–18.30, Do. 9–21, So. 11–18 Uhr. Das Restaurant bietet eine Auswahl an günstigen Speisen. Außerdem gibt es bei den Ausgängen jeweils einen Imbissstand.

38 [F3] **Saowapa** €, Oudegracht 54, Tel. 2451115, www.saowapa.nl, Mi.–So. 16–21 Uhr. Geschmackvolle thailändische Gerichte, die man in dem kleinen Restaurant zu sich nehmen kann, oder

Am Stadtstrand SOIA (Strand Oog in Al, s. S. 19) kann man herrlich entspannt die Sonne genießen

073ut-bs

062ut-bs

man bestellt sie bei gutem Wetter zum Mitnehmen und isst sie auf den Stufen der Gracht.

39 [F3] **Umami** €€, Oudegracht 74, Tel. 2316484, www.umamiutrecht.nl, Mo.-Mi. 16.30-22, Do.-So. 12.15-22.30 Uhr (Küche: So.-Mi. bis 21.45, Do.-Sa. bis 22.15 Uhr). Man bestellt hier in mehreren Runden kleine Gerichte aus verschiedenen asiatischen Ländern und hat so Gelegenheit, alle Geschmacksrichtungen zu probieren und zu genießen.

Cafés und Eisdielen

40 [G3] **Bakkerswinkel Utrecht,** Wittevrouwenstraat 2, Tel. 2667999, www.bakkerswinkelutrecht.nl, Di.-Do. 10-17, Fr. 10-17 u. 17.45-22, Sa. 9-17 u. 17.45-22, So. 9-17 Uhr. Bekannt für süße und herzhafte Backwaren, den High Tea, Quiches und - im Winterhalbjahr - Käsefondue am Abend.

41 [F5] **Bond & Smolders,** Lijnmarkt 9, Tel. 2310913, www.bondsmolders.nl, Di.-Fr. 9-17, Sa. 8.30-17 Uhr. Zwar gibt es auch herzhafte Speisen, Brot, Brötchen und Croissants bei Bond & Smolders, doch die meisten zieht es hierher wegen des herrlichen Gebäcks und der Torten.

42 [K1] **Gelato Roberto,** Poortstraat 93, Tel. 2733114, www.lekkerijs.nl, März-Okt. täglich 12-22 Uhr. Die meisten Utrechter würden bestätigen, dass dieses Eis einen Umweg wert ist. Deshalb braucht man oft etwas Geduld, bis man an die Reihe kommt. Auch viele vegane Sorten.

43 [E2] **Il Mulino Eisdiele,** Adelaarstraat 4, Tel. 2717411, www.ilmulino.nl, Sommermonate: 12-22 Uhr. Fester Bestandteil des Sommerrituals der Anwohner: ein köstliches Eis von Il Mulino, mit dem man sich auf die Stufen am Wasser setzt, um den Booten vor der Schleuse zuzuschauen.

44 [F3] **NODA Eetbar & Deli,** Neude 11 (Zugang über Bibliothek oder Fahrstuhl neben Broese), www.noda-utrecht.nl, Mo.-Sa. 10-18, So. 11-18 Uhr. Von hier aus kann man wunderbar das Treiben auf der Gracht beobachten, während man einen Kaffee, ein Sandwich, eine Suppe oder etwas Süßes genießt.

Eiswagen auf der Maartensbrug [F/G4]

MEINE TIPPS

Lecker vegetarisch und vegan

Obwohl es der Stadt nicht an Lokalen mangelt, ist die Auswahl an rein vegetarischen oder veganen Restaurants noch nicht so groß, wie man es sich wünschen würde. Allerdings bieten viele Restaurants inzwischen auch eine mehr oder weniger große vegetarische und/oder vegane Auswahl.

45 Bar & Bistro Op Zuid €, Neerlandiakade 2B, Tel. 2451118, www.opzuidutrecht.nl, tgl. 11.30–24 Uhr (Küche bis 21.30 Uhr). Bistro mit großer Terrasse am Vaartsche Rijn-Kanal, sehr beliebt bei den Bewohnern des Viertels.

› Im **Restaurant Blauw** (s. S. 83) kann man ab zwei Personen eine vegetarische Variante einer indonesischen *rijsttafel* genießen.

46 [G8] **Broei** €€, Oosterkade 24, Tel. 7370005, www.broei-utrecht.com, täglich 9–23 Uhr. Vegetarische und vegane Gerichte in entspannter und lockerer Atmosphäre.

47 [F4] **Copper Branch Utrecht** €, Steenweg 37, Tel. 8993273, www.copperbranchnederland.nl, Mo.–Sa. 10–21, So. 12–21 Uhr. Alles vegan: Burger, Sandwiches, Wraps, Bowls, Kuchen und Eis.

48 [E2] **Krishna Vilas** €, Kaatstraat 1, Tel. 2688304, www.krishnavilas.com, Mi.–Mo. 12–22, Di. 17–22 Uhr. Eine große Auswahl an vegetarischen und veganen, traditionellen Gerichten Südindiens sowie Currys aus Nordindien.

Der erste Kaffee

Diejenigen, die zeitig auf den Beinen sind und für den Start in den Tag einen guten Kaffee und möglichst noch etwas Leckeres zum Frühstück wollen, können sich z. B. an die folgenden Adressen halten:

49 [E3] **30ml,** Vredenburg 23, www.30ml.nl, Mo.–Fr. 8–17.30, Sa. 9–17.30, So. 10–17 Uhr. Bei 30ml wird der Kaffee vor Ort geröstet, bevor man ihn z. B. mit einem Hangover Omelette (einem kräftigen Omelette mit Bacon, Cheddar, Tomaten und Mayonnaise) genießen kann.

50 [F5] **Café Elize,** Mariaplaats 44, www.elize.cafe, Mo.–Sa. 8–17, So. 9–17 Uhr. Das Café selbst ist klein, hat aber eine Terrasse, die mit Strahlern beheizt werden kann. Im Sommer spenden die großen Bäume auf dem Mariaplaats Schatten für ein Frühstück oder einen Salat.

51 [G3] **De Ontdekking,** Voorstraat 110, Tel. 7514719, www.deontdekkingutrecht.nl, Mo.–Fr. 8–17, Sa., So. 9–17 Uhr. Inspiriert von Reisen in alle Welt findet man hier internationale Leckereien. Das Gebäude ist sehr verwinkelt, wodurch es viele Sitzecken bietet.

52 [E4] **De Utrechter stadsbrasserie** €€, Vredenburg 40, Tel. 2271857, www.deutrechter.nl, Mo.–Mi. 9.30–23, Do., Fr. 9.30–24, Sa. 11–24, So. 11–18 Uhr. In dieser Brasserie kann man sich eigentlich den ganzen Tag über wohlfühlen, egal ob zum Brunch, bei einem Wein oder einem Menü am Abend.

53 [G8] **Koffie Leute,** Westerkade 30, Tel. 2317832, www.koffieleute.nl, Mo.–Fr. 8–17, Sa., So. 10–17 Uhr. Gemütliches Café mit Vintage-Einrichtung. Die Kaffeesorten wechseln je nach Saison, viele vegane Angebote.

54 [D3] **Rose & Vanilla,** Amsterdamsestraatweg 13, www.roseandvanilla.nl, tgl. 9–17 Uhr. Gemütliches, kleines Café mit einer Mission: Leckereien, aber glutenfrei, ohne Milchprodukte und vegan.

Für den späten Hunger

Generell sind die Küchen Utrechter Restaurants, vor allem seit diese verstärkt mit Personalmangel zu kämpfen haben, nicht lange geöffnet, meist bis 21 oder 22 Uhr. Am Wochenende ist die eine oder andere Snackbar etwas länger geöffnet.

Utrecht am Abend

In der Studentenstadt Utrecht ist das Nachtleben abwechslungsreich und vielfältig. Am Abend geht man gern mit Freunden in eine gesellige Kneipe oder zum Tanzen in einen Nachtclub. Auch wer ein klassisches Abendprogramm sucht, wird in Utrecht etwas finden.

In der Innenstadt sind Voorstraat [F/G3], Neude 24, Het Wed (s. S. 14), Ledig Erf [G/H8] und Rotsoord [G9] gute Ausgangspunkte für einen unterhaltsamen Abend. Kneipen, Bars und Restaurants bieten alles für einen guten Start ins Vergnügen. Bühnen und Clubs wollen ein vielseitiges Publikum ansprechen, daher kann das Programm sehr unterschiedlich ausfallen. Am besten macht man sich vorher unter www.uitagendautrecht.nl/en schlau, wo es etwas gibt, für das man sich interessiert.

Clubs und Veranstaltungsorte

55 [F4] **Basis,** Oudegracht aan de Werf 97, Tel. 2232656, www.clubbasis.nl, Fr., Sa. 23–6 Uhr bzw. s. Veranstaltungskalender, Eintritt: 12/19 €. House und Techno lassen die Lautsprecher vibrieren, Industriedesign.

56 [G3] **Café Hofman,** Janskerkhof 17A, Tel. 2302470, www.hofman-cafe.nl, So.–Do. 10–1, Fr., Sa. 10–4 Uhr. Tagsüber ein Eetcafé, bei gutem Wetter mit Terrasse, mittwochabends Comedy Night, donnerstags Livemusik, freitags und samstags wird zum Tanzen aufgelegt (23–4 Uhr).

57 [G9] **De Helling,** Helling 7, Tel. 2219944, www.dehelling.nl (Öffnungszeiten siehe „Agenda"). Bühne mittlerer Größe, die ein breites Spektrum an Bands und Musikstilen bietet.

58 [E2] **Ekko,** Bemuurde Weerd Westzijde 3, Tel. 2317457, www.ekko.nl. Kulturbühne für Live-Musikevents aller Stilrichtungen, die teilweise in Zusammenarbeit mit anderen Locations realisiert werden.

59 [E4] **TivoliVredenburg,** Vredenburgkade 11, Tel. 2314544, www.tivoli vredenburg.nl. Der Musikpalast entstand durch den Zusammenschluss von Poppodium Tivoli, Jazzpodium SJU und Muziekcentrum Vredenburg, das seit jeher von klassischer über Jazz- und Pop- bis Weltmusik ein breites Angebot hat. Meistens finden verschiedene Vorführungen parallel statt.

60 [G6] **'t Oude Pothuys,** Oudegracht 279, Tel. 2318970, www.pothuys.nl, Mo., Di. 15–1, Mi. 12.30–1, Do.–Sa. 12.30–3, So. 12.30–1 Uhr. Eethuis, in dem fast jeden Abend Livemusik gespielt wird.

Kneipen

61 [F4] **Belgisch Biercafé Olivier,** Achter Clarenburg 6A, Tel. 2367876, www.cafe-olivier.be, So.–Do. 12–22, Fr., Sa. 12–24 Uhr. Die ehemalige Kirche ist jetzt ein Ort, an dem man sich auf ein belgisches Bier trifft.

62 [G4] **Café De Zaak,** Korte Minrebroederstraat 9, Tel. 2315310, www.dezaak-utrecht.nl, Mo.–Mi. 8–1, Do., Fr. 8–2, Sa. 9–2, So. 9–1 Uhr. Innen ist es

Mein Tipp

Rotsoord

Rotsoord ist ein **ehemaliges Industriegebiet,** das inzwischen von Restaurants, Kneipen und Cafés, und einigen (kreativen) Unternehmen neu belebt wird. **Camping Ganspoort** (s. S. 82) hat jede Menge interessanter und geselliger Nachbarn wie **De Helling** (s. links) oder **De Watertoren** (s. S. 82).

eine typische braune Kneipe, aber die Terrasse befindet sich an einem ruhigen Platz hinter dem Stadhuis. Es gibt ein paar Kleinigkeiten zu essen, aber man kann auch einfach selbst etwas mitbringen und dazu nur Getränke bestellen.

63 [F4] **Cafe Flater,** Oudegracht 140, Tel. 2321728, www.cafeflater.nl, Mo. 12–3, Di., Mi. 12–2, Do.–Sa. 12–4, So. 12–1 Uhr. Eine typisch niederländische Kneipe, Craft-Biere und am Abend werden schon mal die Tische zur Seite geschoben, um zu tanzen.

64 [G5] **De Drie Dorstige Herten,** Lange Nieuwstraat 47, Tel. 8884430, www.dedriedorstigeherten.nl, Mi. 15–22, Do.–Sa. 15–23, So. 15–20 Uhr. Gesellige Kneipe, in der man (nach Voranmeldung) auch Wein- und Bierverkostungen genießen kann.

65 [G5] **Kafé België,** Oudegracht 196, Tel. 2312666, www.kafebelgie.nl, Mo.–Do. 13–2, Fr. 13–3, Sa. 12–3, So. 12–2 Uhr. Die Kneipe bietet ein riesiges Sortiment an Bieren, die auch je nach Saison wechseln.

MEIN TIPP

Die älteste Kneipe der Stadt

Seit etwa 260 Jahren kann man das Café Vredenburg für ein Bierchen aufsuchen.

67 [E4] **Cafe Vredenburg,** Vredenburg 39, Tel. 2334266, www.cafevredenburg.nl, tgl. ab 14 Uhr

146 [F4] **Oudaen,** Oudegracht 99, www.oudaen.nl, Tel. 2498790, So.–Mi. 11–22.30, Do.–Sa. 11–1 Uhr. Brauereiausschank und Restaurant in einem Stadskasteel aus dem 13. Jahrhundert.

66 [F3] **Wijncafé Lefebvre,** Neude 2, Tel. 2000225, www.lefebvre.nl, täglich 15–24 Uhr. Ein guter Tropfen, den man in einer angenehmen und ruhigen Atmosphäre genießen kann.

Im Oudaen wird Bier der hauseigenen Brauerei aus großen Alufässern gezapft

071ut-bs

Utrecht zum Stöbern und Shoppen

Das Shoppinggebiet in Utrecht konzentriert sich auf das Einkaufszentrum **Hoog Catharijne** und das daran anschließende, fast gänzlich autofreie Gebiet rund um die **Oudegracht.** Schlendert man an der Gracht und deren Seiten- oder Parallelstraßen entlang, dann entdeckt man bekannte Ketten, aber auch interessante kleine Geschäfte, die Kunst und Kitsch, Wertvolles und Krimskrams zu bieten haben. Direkt anschließend an den Altstadtkern finden sich auch in der **Nachtegaalstraat** und **Burgemeester Reigerstraat** noch nette, kleine Läden.

MEIN TIPP

Hoog Catharijne – die größte überdachte Shoppingmall Europas

Durch dieses Einkaufszentrum kommt man vom Hauptbahnhof trockenen und flanierenden Fußes direkt in die Innenstadt. Das Hoog Catharijne bekam mit seiner 2018 abgeschlossenen Renovierung eine gänzlich neue, offene und freundliche Ausstrahlung. Hier findet man u. a. jede Menge Kleidungsgeschäfte, aber auch Läden für Accessoires, Schuhe, Kosmetik, einen Elektromarkt, alles fürs Mobiltelefon und natürlich auch Möglichkeiten, sich mit einem Snack zu stärken und etwas auszuruhen.

74 [E4] **Hoog Catharijne,** Godebaldkwartier 54, www.hoog-catharijne.klepierre.nl, Mo. 12–20, Di.–Sa. 10–20, So. 12–18 Uhr. Die Öffnungszeiten der einzelnen Geschäfte können variieren, Snackbars haben oft länger geöffnet. Eine Laufroute von der Stadt zum Hauptbahnhof (Centraal Station) ist 24 Stunden geöffnet. Fahrräder dürfen nicht mit ins Gebäude genommen werden.

Mode

68 [F3] **Blackfish,** Voorstraat 6, Tel. 6624395, www.blackfish.nl, Mo. 12–18, Di.–Sa. 11–18, So. 12–17 Uhr. Damen- und Herrenmode, neu und Vintage, Schmuck, Accessoires und Esoterikartikel.

69 [J4] **Col'ers,** Nachtegaalstraat 79, www.collers.nl, Mo. 13–17.30, Di., Mi., Fr. 10–17.30, Do. 10–19, Sa. 10–17 Uhr. Nette Boutique für Kleidung, Taschen, Schmuck und Lifestyle-Produkte.

70 [G4] **Daens café,** Korte Minnrebroederstraat 13–17, www.daens.nl, Mo. 12–18, Di., Mi., Sa. 10–18, Do, Fr. 10–19, So. 12–17 Uhr. Nicht nur Modegeschäft, sondern auch Café und Hotel mit drei Zimmern. Das Café öffnet selbst am Wochenende um 8 Uhr.

71 [F4] **La Palmerie,** Schoutenstraat 14, www.lapalmerie.nl, Di., Mi., Fr., Sa. 11–18, Do. 11–19, So. 13–17 Uhr. Schicke, farbenfrohe Mode für Powerfrauen.

72 [J4] **Leuk! By Cleo,** Nachtegaalstraat 49b, www.leukbycleo.nl, Mo. 13–18, Di.–Fr. 10–18, Sa. 10–17, So. 12–17 Uhr. Schicke, hippe Kleidung und mehr.

73 [G7] **LIVStores**, Twijnstraat 41, www.livstores.nl, Di.–Sa. 11–18 Uhr. Niederländische Designer verkaufen

Shoppingareale

Die wichtigsten Shoppingbereiche der Stadt sind im Kartenmaterial mit einer rötlichen Fläche markiert.

hier ihre Kollektionen aus Material, das schadstofffrei, ökologisch und/oder recycelt ist. Hier geht es nicht um zwei große Kollektionen pro Jahr, sondern um Qualität - „Slow Fashion“ für Frauen.

75 [F5] **Nukuhiva,** Zadelstraat 36, www.nukuhiva.nl, Mo. 12-18, Di.-Sa. 10-18, So. 12-17 Uhr. Sportlich, schick, klassisch und alles fairtrade und mit Respekt für Natur und Mensch produziert. Die Initiatorin dieses Ladens ist Floortje Dessing, die wohl bekannteste niederländische TV-Reisejournalistin.

76 [F3] **Puha,** Voorstraat 48, www.puhashop.nl, Di.-Fr. 11-18, Sa. 10-17, So. 13-17 Uhr. Kleidung, Schmuck, Accessoires, Möbel und Drucke junger Designer.

Secondhand

77 [F3] **Giensch,** Voorstraat 31, www.giensch.nl, Mo. 12-18, Di.-Sa. 10-18 Uhr. Für Männer und Frauen. Gebrauchtes aus den 1950er- bis 1980er-Jahren, außerdem ein eigenes Label mit neuer Kleidung.

78 [G5] **Secondsas,** Oudegracht aan de werf 193, www.secondsas.nl, Di.-Sa. 11-17.30 Uhr. Ausschließlich gebrauchte, qualitativ gute Markenkleidung, Schuhe, Taschen, Gürtel und Accessoires in einem der Gewölbekeller an der Oudegracht.

79 [G5] **Sisters,** Oudegracht 224, www.sisters2dehands.nl, Di.-Sa. 11-17.30, 1. So. im Monat 13-17 Uhr. Gebrauchte Kleidung, Taschen, Schuhe, Accessoires aus den 1920er- bis 1990er-Jahren.

Schuhe

80 [F4] **Prime,** Schoutenstraat 11, www.prime030.com, Mo. 13-18, Di.-Fr. 11-18, Sa. 11-17.30, So. 13-17 Uhr. (Fast) nur Sneakers, auch Collector Items und gute Gebrauchte. Gewannen schon zweimal den Preis für den besten Sneaker-Laden in Europa.

81 [F4] **SneakerBaas,** Donkerstraat 10, www.sneakerbaas.com, Di.-Fr. 13-18, Sa. 12-17 Uhr. Das größte Online-Angebot an Sneakers in den Benelux-Staaten hat hier seine Basis. Im Laden gibt es ein exklusives Angebot, aber alles von der Website kann auch in den Laden geliefert werden.

Das Hoog Catharijne verbindet den Hauptbahnhof mit der Innenstadt

038ut-bs

039ut-bs

Lifestyle und Hebbedingetjes

„Hebbedingetjes" ist eines dieser schönen niederländischen Wörter, die sich nicht 1:1 ins Deutsche übertragen lassen. Hebbedingetjes sind Sachen, an denen man Freude hat, die man aber nicht unbedingt braucht.

82 [F5] **Ananda,** Mariaplaats 1, www.ananda.nl, Mo. 12–18, Di.–Fr. 10–18, Sa. 10–17.30, So. 12–17 Uhr. Esoterikladen mit einer großen Auswahl an Kristallen und Schmuck, Klangschalen, Tarotkarten, Büchern sowie Artikeln für Yoga und Meditation.

83 [F4] **Beads and Basics,** Vinkenburgstraat 3, www.beadsandbasics.com, Di.–Fr. 12–18, Sa. 10–18, So. 12–17 Uhr. Große Auswahl an natürlichen (Kristall-)Perlen, außerdem Zubehör, um eigenen Schmuck herzustellen, aber auch bereits fertige Schmuckstücke.

Am Koningsdag (s. S. 94) treibt auch der „Hochadel" Handel

84 [F3] **Broese,** Oudegracht 112 b, Mo. 12–18, Di., Mi., Fr. 10–18, Do. 10–20, Sa. 9–18, So. 12–17.30 Uhr. Großer Buchladen, u. a. mit einer Abteilung für deutsche Bücher. Das Café ist recht klein. Wenn es dort keinen Platz mehr gibt, kann man in die NODA Eetbar & Deli (s. S. 84) in der Bibliothek ausweichen (Fahrstuhl direkt um die Ecke).

85 [G5] **Dille & Kamille**, Oudegracht 190–192, www.dille-kamille.nl, Mo.–Mi., Fr., Sa. 9.30–18, Do. 9.30–21, So. 12–18 Uhr. Nützliches, Schönes und Leckeres für Haus, Garten und Körper aus natürlichen Materialien.

86 [E4] **E&co Warenhuis**, Lange Viestraat 6, www.e-cowarenhuis.nl, Mo.–Mi., Fr., Sa. 10–19, Do. 10–21, So. 11–18 Uhr. Grün und Umweltbewusst konsumieren: von Pflegeprodukten über Schmuck und Mode bis zu Haushaltsartikeln.

87 [F5] **Groeten uit Utrecht,** Zadelstraat 28, https://groetenuitutrecht.org, Mo.–Sa. 10–18, So. 11–17 Uhr. Souvenirladen mit Produkten und Kunst aus und über Utrecht und den FC Utrecht.

88 [G7] **It all starts with a postcard,** Twijnstraat 38, www.itallstartswithapostcard.nl, So., Mo. 12–18, Di.–Sa. 11–18 Uhr. Ein absolutes Muss für Papierliebhaber: Postkarten zu jedem beliebigen Thema (alt und neu), Briefpapier, Poster, Dekoartikel und Spielzeug.

89 [G5] **It's a present,** Lijnmarkt 16, www.itsapresent.nl, Mo. 12–18, Di., Mi., Fr., Sa. 10–18, Do. 10–19, So. 11–18 Uhr. Ausgefallene bis schrille Geschenke für Haushalt und Küche, Kleinmöbel, Fairtrade-Produkte, Gadgets, Spiele und mehr.

90 [F5] **Keck & Lisa,** Zadelstraat 38, www.keckenlisa.nl, Mo. 12–18, Di.–Sa. 10–18, So. 12–17 Uhr. Schöne Sachen fürs Haus und drumherum. Außerdem auch schöne und hochwertigere Utrecht-Mitbringsel wie handgemachte Kaffeetassen und Teller aus Porzellan mit Domturmmotiv.

91 [G5] **Subcultures,** Oudegracht 183, www.subcultures.nl, Mo. 13–18, Di., Mi. 11–18, Do., Fr. 11–19, Sa. 10–18, So. 12–18 Uhr. Ein Laden voller Spiele, von traditionellen Brettspielen bis zu den neuesten Erfindungen. Ein Fachladen für Jung und Alt, für Anfänger und Profis.

92 [F4] **Swan Market,** Steenweg 29, www.swanmarket.nl, Mo. 13–18, Di., Mi., Fr., Sa. 10–18, Do. 10–21, So. 12–17 Uhr. Zusammenschluss verschiedener Künstler, ein breites Angebot unterschiedlichster Dinge (Schmuck, Kleidung, Accessoires, Deko- und Lifestyleprodukte).

93 [F4] **Søstrene Grene,** Oudegracht 112, www.sostrenegrene.com, Mo. 12–18, Di., Mi., Fr., Sa. 10–18, Do. 10–21, So. 12–18 Uhr. Ein Laden, aus dem man das dänische Hygge-Gefühl in die eigenen vier Wänden mitnehmen kann. Es gibt Küchen- und Bastelutensilien, Interieur-, Party- und Dekoartikel.

94 [J4] **Wonderwoud,** Nachtegaalstraat 34, www.wonderwoudplanten.com, So., Mo. 12–18, Di.–Sa. 10–18 Uhr. Topfpflanzen und geschmackvolle Accessoires für Pflanzenliebhaber. Wer im Grünen entspannen möchte, kann dort auch eine Tasse Kaffee mit Gebäck genießen.

95 [J4] **Zinin,** Burgermeester Reigerstraat 11, www.zininshop.nl, Mo. 12–18, Di.–Fr. 10–18, Sa. 10–17.30 Uhr. Kleine Dinge für Küche, Wohnzimmer und Garten.

96 [G6] **ZiZo,** Oudegracht 281–283, www.zizo-online.nl, Mo. 10–15, Di.–Sa. 10–16 Uhr. Geschenkartikel und Kunsthandwerk, hergestellt von Menschen mit Behinderung. Zum Laden gehört auch ein Eetcafé, in dem kleine Mahlzeiten und Kuchen angeboten werden.

Fürs leibliche Wohl

97 [F4] **Banketbakkerij Theo Blom,** Zadelstraat 23, www.banketbakkerijtheoblom.nl, Sa., Mo. 8–17, Di.–Fr. 8–18 Uhr. Hier werden u. a. seit 1922 die Original Domtorentjes hergestellt, ein groß ausgefallenes Schokoladenbonbon mit einer Sahneschokoladenfüllung. Auf dem Ganzen thront das Relief des Domturms. Noch älter ist die zweite Utrechter Spezialität dieses Konditors: Bergmans boterspits. Das Rezept stammt vom ursprünglichen Gründer der Konditorei Bergman aus dem Jahr 1888. Das Spritzgebäck schmeckt salzig gut. Gegründet wurde die Konditorei in diesem Haus bereits 1882.

98 [G5] **Cacao,** Oudegracht 179, www.cacao-utrecht.nl, Di.–Do. 11–17, Fr. 11–18, Sa. 10–18 Uhr. Handgemachte Schokolade in der Utrechter Innenstadt, interessante Geschmacksrichtungen, auch ohne Zuckerzusatz.

99 [G7] **De Bierverteller Bierboetik,** Twijstraat 47, www.debierverteller.nl, Di.–Fr. 11–19, Sa. 10–18, So. 12–18 Uhr. Mehr als 600 Sorten Bier werden hier stilvoll präsentiert und verkauft. Für Gruppen ab acht Personen gibt es nach Absprache auch Bierverkostung und Geschich-

040ut-bs

Was wäre ein Urlaub ohne Mitbringsel?

ten über Bier und da Louisa, die Chefin, ursprünglich aus Deutschland kommt, gibt es sie auch auf Deutsch.

100 [F4] **De Koekfabriek,** Schoutenstraat 7, www.dekoekfabriek.nl, Di.–Fr. 11–17, Sa. 12–17 Uhr. Sehr leckere Kekse in verschiedenen Geschmacksrichtungen, deshalb ist dieses soziale Projekt wohl auch so ein Erfolg. Hier arbeiten Menschen, die ansonsten nur schwer Arbeit finden würden.

101 [K4] **Hooft by Breunesse Delicatesse,** Burgemeester Reigerstraat 20, https://breunessedelicatesse.wordpress.com, Mo.–Fr. 9–18, Sa. 8–17 Uhr. Eine große Auswahl an Käse und herzhaften Delikatessen. Wer sich ein Souvenir mitnehmen will, kann den Käse vakuumieren lassen.

102 [F4] **Hop & Stork,** Lijnmarkt 1, www.hopenstork.com, Mo. 12–18, Di.–Sa. 10–18, So. 11–18 Uhr. Die ideale Möglichkeit für eine Pause in der Innenstadt. Liebhaber von feinen Kaffees, von (Bruch-)Schokolade und Patisserie kommen voll auf ihre Kosten. Sehr beliebt.

Mein Tipp

Kreative Köpfe und Kaffee

Südlich von Ledig Erf entwickelt sich an der Westerkade in einer ehemaligen Druckerei ein **kreativer Meltingpot:**

103 [G8] **Druk,** Westerkade 30, www.drukutrecht.com. Hier haben sich mehrere kreative Betriebe niedergelassen. Man kann im alten Fabriksgelände auch etwas schlendern. Angesagt und gemütlich:

- **Koffie Leute** (s. S. 85). Entspanntes Café mit Wohnzimmer-Atmosphäre. Für Vinylfans: Hier gibt es auch eine Platten-Fundgrube mit Alben von angesagten niederländischen Labels und unabhängigen Musikern. Man darf die Platten auch gern anspielen. Es gibt auch Kassetten und ein paar CDs.
- **Labour of Art,** www.labourofart.com. Die aus Deutschland stammende Grafikdesignerin und Feintäschnerin Katia Plewnia entwirft in ihrem Studio in Handarbeit schöne Taschen aus pflanzlich gegerbtem Leder aus Süddeutschland. Außerdem stellt sie den „sleutelhanger Utrechtse domtoren", den einzig echten Utrechter Schlüsselanhänger her. Sie kreiert auch Lederkunst, die in internationalen Galerien ausgestellt wird.
- **Werfzeep** ✿. Biologische, handgemachte Seifen. Mit etwas Glück kann man den Macherinnen beim Herstellen vom Koffie Leute (s. S. 85) aus zusehen. Dort kann man die wohlriechenden Seifen auch kaufen.

041ut-bs

Utrecht zum Durchatmen

Fast die gesamte Innenstadt mit ihren alten und traditionellen Bauten bietet ein romantisches Ambiente und einige ruhige und schöne Orte, die zum Genießen und Verweilen einladen.

Zu einem Besuch in Utrecht gehört auf jeden Fall ein **Spaziergang** entlang der **Oudegracht** ⓬ mit ihren alten und ehrwürdigen Gebäuden. Tagsüber ist die Gracht sehr belebt, je weiter man stadtauswärts geht, desto ruhiger wird es. Das Besondere ist, dass man an vielen Stücken unten am Wasser laufen kann, wo nicht so viele Menschen unterwegs sind. Alternativ kann man auch einen Spaziergang an der **Nieuwegracht** machen, wo es deutlich ruhiger zugeht.

Besonders interessant ist ein Abendspaziergang, wenn man den beleuchteten Kunstinstallationen von **Trajectum Lumen** folgt (s. S. 28), denn dann erscheint vieles wortwörtlich in einem anderen Licht.

Für Sportliche eignet sich eine romantische **Kanufahrt** (s. S. 123) nach **Amelisweerd und Rhijnauwen** (www.amelisweerd.com). Die beiden Park- und Waldgebiete mit ihren Spazier- und Radwegen liegen direkt nebeneinander. Hier wird ökologischer Landbau betrieben und mit dem Fort bij Rhijnauwen steht hier das größte Fort der Nieuwe Hollandsche Waterlinie. Im und rund um das **Landhuis Rhijnauwen** kommt alles zusammen. An dem alten Landgut kann man mit dem Kanu anlegen, spazieren gehen und eines der Restaurants wie **De Veldkeuken** (www.veldkeuken.nl) oder **Theehuis Rhijnauwen** (www.theehuisrhijnauwen.nl) besuchen oder man paddelt weiter durch die schöne Natur (Bootsverleih De Rijnstroom beim Schwimmbad Krommerijn, www.rijnstroom.nl). Falls man sich das nicht zutraut, kann man auch motorisierte Boote leihen. An einigen Tagen werden auch **Nachtkanutouren** veranstaltet, zu denen muss man sich aber sehr zeitig anmelden.

Zu den schönsten Orten der Stadt gehört sicherlich der **Klostergarten** neben dem **Dom** ❶. Im Sommer wachsen hier zahlreiche Kräuter- und Heilpflanzen, der Klostergang bietet einen mittelalterlichen Hintergrund und viele Paare kommen hierher, um Fotos zu machen oder einfach eine Weile dazusitzen und den Raum auf sich wirken zu lassen. Auch der **Garten** im **Catharijneconvent** ⓴ ist ein ruhiger und beschaulicher Ort mit großen Bäumen, die Schatten spenden.

◁ Ökoseifenproduzent und -laden: Werfzeep im Druk

▷ Die große Wasserfläche im Griftpark (s. S. 118)

042ut-bs

Zur richtigen Zeit am richtigen Ort

Utrecht hat das ganze Jahr über zahlreiche Festivals und Veranstaltungen zu bieten, sodass man eigentlich immer die Gelegenheit hat, etwas Schönes zu erleben. Man ist Literaturstadt der UNESCO und tut viel dafür, ein lebendiges und vielseitiges Kulturleben zu erhalten. Informationen zu aktuellen Veranstaltungen erhält man bei der Stadtinformation VVV Utrecht (s. S. 114), online unter www.besuch-utrecht.de oder unter www.uitagendautrecht.nl/en.

Sechsmal pro Jahr wird die ganze Stadt bei den **Culturele Zondagen** in eine Bühne verwandelt. Diese Sonntage stehen normalerweise unter einem bestimmten Thema und je nachdem, welche Veranstaltungsorte sich am besten eignen, finden in der gesamten Stadt Konzerte, Lesungen, Vorführungen und Auftritte von Einzelkünstlern, Bands, Theater-, Tanz und/oder Musikgruppen statt. Manchmal sind es wenige Großveranstaltungen, an anderen Sonntagen werden bis zu hundert kleinere Angebote organisiert (www.culturelezondagen.nl).

Januar

- **I Light U:** Etwa drei Wochen lang stellen niederländische und internationale Lichtkünstler in dem Gebiet rund um den Hauptbahnhof Werke zu jeweils einem bestimmten Thema aus. Die Werke werden in einer Audiotour auf Niederländisch und Englisch erläutert (www.ilightu.nl).

Februar

- **Gluren bij de Buren:** An einem Tag im Februar öffnen Freiwillige ihre Wohnzimmer für Künstler und Gäste. Willkommen sind so viele, wie Platz haben (www.ontdek-utrecht.nl/event/113696/gluren-bij-de-buren-8).

März

- **Tweetakt:** Ab Ende März wird der Platz Neude zwei Wochen lang zum Festort. Im Angebot sind Musik, Tanz, Theater und interaktive Installationen (www.tweetakt.nl).

April

- **Koningsdag** am **27. April:** Zur Feier des Geburtstags des niederländischen Königs verwandelt sich das ganze Land in eine riesige Volksfestbühne. Alle sind auf den Beinen, tragen orangefarbene Kleidung und die Stadt verwandelt sich in einen riesigen Flohmarkt, *vrijmarkt* genannt, bei dem es darum geht, auf möglichst kreative Weise anderen seinen sinnlosen Krempel aufzuschwatzen. Dieser *vrijmarkt* beginnt in Utrecht bereits am Vorabend und die ganz Harten bleiben die ganze Nacht auf ihrem Posten. Tagsüber bieten zahlreiche Künstler Musik und Tanz – von Schunkelschlagern bis Hip-Hop. Fällt der Geburtstag auf einen Sonntag, wird bereits einen Tag vorher gefeiert.

Mai

- **Herdenkingsdag** am **4. Mai:** Gedenk- und Trauertag anlässlich des Einfalls der deutschen Truppen in die Niederlande während des Zweiten Weltkriegs. Während der Gedenkfeier in Amsterdam legen der König und weitere Würdenträger Kränze für all diejenigen nieder, die seit dem Zweiten Weltkrieg in Kriegen und bei Friedenseinsätzen gefallen sind. In Utrecht wird eine Fackel am Fuß des Widerstandsdenkmals vor der Domkirche entzündet. Es handelt sich zwar um einen Arbeitstag, doch um 20 Uhr werden im ganzen Land zwei Minuten Stille eingehalten, in denen, wo möglich, alle Tätigkeiten unterbrochen werden (www.4meiutrecht.nl).

- **Bevrijdingsdag** am **5. Mai:** Man feiert die Befreiung der Niederlande von den Nazis. Alle fünf Jahre ist dieser Feiertag auch ein arbeitsfreier Tag, das nächste Mal 2025. Im ganzen Land findet an diesen beiden Tagen ein Rahmenprogramm an *bevrijdingsfestivals* statt. Musik, Podiumsdiskussionen und Infomärkte sollen auch Jahrzehnte nach dem Zweiten Weltkrieg ein Bewusstsein dafür schaffen, dass ein Leben in Freiheit keine Selbstverständlichkeit ist (www.bevrijdingsfestivalutrecht.nl).
- **Spring Performing Arts Festival:** Zehn Tage lang zeigen internationale Künstler experimentelle, herausfordernde und grenzüberschreitende Kunstperformances (www.springutrecht.nl).

Juni

- **Kerken kijken:** Von Mitte Juni bis Mitte September machen freiwillige Helfer die Kirchen Utrechts fast jeden Tag zugänglich. In den anderen Monaten sind die meisten Kirchen samstags geöffnet (www.kerkenkijken.nl).
- **Centralpark Festival:** Zweitägiges, geselliges Musikfestival mit angesagten, vor allem niederländischen und flämischen Musikern im Park Transwijk im Süden Utrechts (www.centralparkfestival.nl).
- **Open Tuinendag:** Gärten, die normalerweise nicht für die Öffentlichkeit zugänglich sind, können an diesem Tag besucht werden (www.opentuinendagutrecht.nl).
- **Utrecht Canal Pride:** Der Christopher Street Day Utrechts findet als Umzug mit Booten auf der Oudegracht statt (www.utrechtpride.nl).

072ut-bs

Juli

- **Struinen in de tuinen:** An einem Samstag im Juli laden Gartenbesitzer Künstler ein, um bei ihnen aufzutreten. Willkommen sind jeweils so viele Gäste, wie Platz im Garten ist (www.theaterfestival.info/struinen-in-de-tuinen).
- **De Parade:** Buntes Spektakel mit Musik, Kunst, Theater, Tanz und Magie (www.deparade.nl).
- **Utrechtse orgelzomer:** Verschiedene Kirchen bieten im Juli und August eine Konzertreihe mit Orgelkonzerten (www.kerkenluisteren.nl).
- **De Leuke Festival:** Tanzen zu Pop, Glitter-Disco, Hiphop und Dancehall, mit DJs und Livemusik im Park Voorveldse Polder im Osten der Stadt (www.deleukefestival.nl).

August

- **Festival Oude Muziek:** Zum Abschluss des Sommers wird die Stadt von Konzerten mit Musik aus dem Mittelalter, der Renaissance und dem Barock

Garten und Musik – Gemütlichkeit pur am Open Tuinendag

beherrscht. Parallel dazu findet noch ein Rahmenprogramm mit Sonderveranstaltungen statt (www.oudemuziek.nl).

September

- **Open Monumentendag:** Am zweiten Wochenende im September können viele denkmalgeschützte und sonst nicht zugängliche Gebäude besichtigt werden (www.openmonumentendag.nl).
- **Gaudeamus Muziekweek:** Das Festival präsentiert junge Musikpioniere, die neue, unbekannte Wege gehen (www.gaudeamus.nl/festival).
- **Uitfeest:** Hiermit wird die Kultursaison wiedereröffnet. Museen, Theater und Veranstalter stellen sich mit ihrem neuen Programm vor und in der ganzen Stadt kann man gratis Konzerte, Aufführungen und Vorstellungen erleben (www.culturelezondagen.nl).

Oktober

- **Festival Impakt:** Das Festival bietet einen kritischen Blick auf die Medienkunst: Filme, Videokunst, Musik, Performances und Podiumsdiskussionen (www.impakt.nl/festival).

November:

- **Sint Maarten:** Am Samstag vor dem 11.11. findet ein großer Umzug mit zum Teil riesigen Skulpturen statt. Drumherum werden weitere Veranstaltungen zum Fest des Teilens organisiert (www.sintmaartenutrecht.nl).
- **Le Guess Who?:** Ein langes Wochenende mit Musik aus allen Ecken der Erde – von Weltmusik über Rock, Jazz und Hip-Hop, bis Electronic. Vor allem treten Künstler auf, die die Genregrenzen verschwimmen lassen (www.leguesswho.nl).
- **Smartlappenfestival:** Drei Tage lang werden in zahlreichen Kneipen in der ganzen Stadt Herz-Schmerz-Lieder (am liebsten mit viel Vibrato in der Stimme gesungen) zu Besten gegeben (www.smartlappenfestival.nl).

Dezember

- **Sinterklaas** am **5. Dezember:** Das wichtigste Familienfest des Jahres, denn der heilige Nikolaus bringt seine Geschenke zu den Familien. Zu jedem Geschenk gehört ein Gedicht, in dem man dem Beschenkten in lustiger Form alles sagen kann, was man schon immer mal loswerden wollte. Große Geschäfte bieten daher außer einem Verpackungsservice auch einen Gedichteservice an, damit auch die nicht so reimfesten Kunden zufrieden nach Hause gehen können. Die meisten Geschäfte schließen an Sinterklaas erst um 17 Uhr. Damit haben auch die letzten Nachzügler ausreichend Gelegenheit, Geschenke zu organisieren.
- **Kleur de Stad:** Von Anfang Dezember bis Anfang Januar werden verschiedene Gebäude bunt angestrahlt. Einige Monate vorher kann man Malvorlagen aus dem Internet herunterladen, einen eigenen Entwurf kreieren und ihn einsenden. Aus den Einsendungen werden einige ausgewählt, die dann auf die Häuserfassaden projiziert werden (www.kleurdestad.nl).
- **25.** und **26. Dezember:** Manche Familien geben inzwischen auch an **Weihnachten** noch einmal Geschenke, aber traditionell besucht man an diesen Tagen einfach die Familie. Am ersten Feiertag wird ausgiebig gespeist und am zweiten Feiertag sucht man die großen Möbelhäuser und Gartencenter auf, damit man sich mit der Familie nicht langweilt.
- **Internationaal Kamermuziek Festival Utrecht: Ende Dezember** werden an unterschiedlichen Orten der Stadt Kammermusikkonzerte mit bekannten Künstlern und aufsteigenden Talenten veranstaltet (www.kamermuziekfestival.nl).

UTRECHT VERSTEHEN

044ut-bs

Utrecht – ein Porträt

Die Anfänge der Stadt beginnen auf dem heutigen **Domplein**, wo die Römer ein Kastell als Teil des Limes errichteten. Nach deren Abzug blieb an dieser Stelle die Burg Trecht zurück. Willibrord machte den Ort Ende des 7. Jh. schließlich zu einem religiösen Zentrum und als Utrecht kurz darauf auch noch Bischofssitz wurde, entstand hier das **religiöse Zentrum der nördlichen Niederlande.**

Bereits die Römer hatten eine Gracht angelegt, um ihr Kastell zu schützen. Wesentlich weiter ausgebaut wurde die **Oudegracht** im 10. und 12. Jh., um die Anfuhr von Waren per Schiff zu gewährleisten. Noch immer ist sie eine der wichtigsten Routen durch die Stadt, auch wenn man sich jetzt hauptsächlich auf der Straße oberhalb bewegt.

Im 12. Jh. begann man außerdem mit dem Bau einer aus einem Wall und einem Wassergraben (Singel) bestehenden **Verteidigungsanlage** rund um die Innenstadt, die sie noch heute umschließt. Ende des 14. Jh. kamen dann noch die **Nieuwegracht**, **Kromme Nieuwegracht, Drift** und **Plompetorengracht** hinzu, um die Entwässerung des Gebiets innerhalb des Singel zu gewährleisten. An all diesen Grachten stehen wunderschöne **alte herrschaftliche Häuser.** Hier ist die Innenstadt eigentlich ein Freilichtmuseum.

Ab 1850 wuchs die Bevölkerung in schnellem Tempo und es wurden **neue Stadtviertel** außerhalb des Singel hinzugefügt. 1950 hatte die Stadt fast 210.000 Einwohner und durch das weitere große Wachstum wurden verschiedene umliegende **Ortschaften eingemeindet** und die dazwischenliegende Fläche konnte für Wohnraum vollgebaut werden. Die letzte große Stadterweiterung erfolgte um das Jahr 2000 nach Westen hin: In den Stadtteilen Leidsche Rijn und Vleuten-De Meern wohnen inzwischen mehr als 100.000 Menschen, was die Bevölkerungszahl 2024 auf knapp 375.000 stiegen ließ.

Vorseite: „Boekenkast" von JanIsDeMan an der Ecke Mimosastraat, Amsterdamse Straatweg

Die Gebäude am Lijnmarkt [G5] stehen mit der Rückseite zum Wasser

063ut-bs

Utrecht in Zahlen

- **Gegründet:** 41 n. Chr.
- **Einwohner:** knapp 375.000
- **Universität:** 39.000 Studenten, mit Fachhochschulen 100.000
- **Nationalitäten:** 168
- **Bevölkerungsdichte:** 3774 Einw./km²
- **Fläche:** 99,21 km², davon 5,38 km² Wasser
- **Höhe ü. M.:** 5,50 m

Utrecht ist eine **Stadt der Radfahrer.** Je näher man an die Innenstadt kommt, desto schwieriger wird es für Autofahrer. Umwege und Geduld sind gefragt, Parkplätze alles andere als leicht zu finden. Es ist eine bewusste Entscheidung der Bewohner und des Stadtrats, die Stadt fußgänger- und fahrradfreundlich zu machen.

Utrecht ist die **viertgrößte Stadt des Landes,** aber etwas kleiner und gemütlicher als die großen Metropolen. Die Innenstadt ist kompakt und gut zu Fuß zu entdecken, sie bietet historische Architektur, gemütliche Cafés, Kneipen und Restaurants sowie ein abwechslungsreiches Angebot für den Einkaufsbummel.

Die Menschen fühlen sich mit ihrer Stadt verbunden. Für viele ist das wichtigste Wahrzeichen sicherlich der **Domturm.** Doch auch das **Stadtwappen** hat Symbolkraft. Das Wappenschild ist in ein silbernes Dreieck oben rechts und ein rotes Dreieck unten links unterteilt. Der Legende nach steht es für den Schutzheiligen der Stadt, St. Martin, und seinen geteilten Mantel. Auf alten Abbildungen kann St. Martin auch auf seinem Ross im silbernen Teil abgebildet sein.

Von den Anfängen bis zur Gegenwart

13.000 v. Chr.: Funde belegen, dass sich bereits Menschen im Bereich des heutigen Stadtteils Uithof aufhalten.

Um 41 n. Chr.: Utrecht wird von den Römern besiedelt. Das Fort „Traiectum" („Durchwatbarer Ort") befindet sich an der Flussgabelung von Rhein und Vecht am heutigen Domplatz.

400 n. Chr.: Die Römer verlassen das Gebiet, das aber bewohnt bleibt.

400–690: Friesen und Merowinger herrschen abwechselnd in Utrecht. Der fränkische König Dagobert (623–639) baut die erste Kirche. Sie wird dem heiligen Martin geweiht, aber später von den Friesen zerstört.

Ab 690: Englische und irische Missionare unter der Führung von Willibrord (658–739) missionieren die Friesen. Willibrord lässt auf dem heutigen Domplatz zwei Kirchen bauen.

857: Die Wikinger überfallen Utrecht und zerstören die Kirchen der Stadt.

918–975: Bischof Balderik baut die beiden Kirchen wieder auf und setzt die Martinskirche als Kathedrale ein. Er erhält das Recht, in Utrecht Münzen zu schlagen und Zölle zu erheben. Der Handel mit dem Rheinland in Deutschland blüht. Während die bischöfliche Anlage auf dem Gebiet des ehemaligen römischen Forts noch immer Castellum Traiectum genannt wird, erhält die schnell wachsende Ortschaft westlich angrenzend an die Kirchenanlagen den Namen Burcht Trecht.

925: Der ostfränkische König Heinrich I. gewinnt das Mittelreich um Lothringen zurück. Utrecht und sein gesamtes Bistum fallen jetzt an das Regnum Teutonicorum, das Deutsche Reich.

Ab dem Jahr 1000: Die kaisertreuen Utrechter Bischöfe bekommen immer mehr Macht. Das Erzbistum umfasst inzwischen große Teile der heutigen Niederlande. Sehr zum Unmut der Grafen von Holland, die versuchten, die Gebiete mittels feindlicher Übernahme unter ihren Hoheitseinfluss zu bringen.

Ab 1015: Bischof Adelbold lässt eine neue Martinskirche im romanischen Stil und eine Pfalz für die Utrecht häufig besuchenden deutschen Kaiser bauen.

1039: Kaiser Konrad II. stirbt in Utrecht. Heinrich III., sein Sohn und Nachfolger, entscheidet, dass die Eingeweide im Utrechter Domchor und der Rest des Körpers in Speyer beigesetzt werden.

1054–1080: Das Utrechter Kirchenkreuz entsteht. Die Schifffahrtswege und Handelsbeziehungen mit Deutschland sind die wichtigsten Faktoren für die Stellung Utrechts als wichtigste geistliche und politische, aber auch wirtschaftliche Macht in den mittelalterlichen Niederlanden.

1122: Der Kaiser verliert auf Druck des Papstes das Recht, die Bischöfe zu benennen. Die immer selbstbewusster werdende Bürgerschaft erhält gegenüber dem Bischof mehr politisches Gewicht. Der Kaiser verleiht Utrecht am 2. Juni 1122 die Stadtrechte. Sie darf nun selbst Zölle erheben, die der Kaiser festlegt.

064ut-bs

12. und 13. Jahrhundert: Die Stadt wächst enorm. Die Utrechter Märkte sind der niederländische Hotspot des Handels, bis Mitte des 13. Jh. die Schifffahrtswege verlegt werden. Große Schiffe können Utrecht nun nicht mehr erreichen. Dennoch bleibt Utrecht das geistliche und kulturelle Zentrum des Landes. Außerdem wird ein Kloster nach dem anderen gegründet. Die Gilden entwickeln sich zu großen und mächtigen Organen.

1253 und **1279** wüten verheerende Stadtbrände. Daraufhin ordnet die Stadtverwaltung an, dass zukünftig Häuser nicht mehr mit Holz, sondern mit Backstein gebaut und die Dächer mit Lehmziegeln oder Schiefer gedeckt werden müssen.

Zweite Hälfte des 13. Jh. Utrecht entwickelte sich zu *der* Marktstadt in den nördlichen Niederlanden.

Ab 1254: Es wird an einer neuen gotischen Kathedrale gebaut, dem Dom. Die Bautätigkeiten dauern bis 1520.

1320: Beginn eines weiteren Megaprojekts des Mittelalters: der Bau des Domturms (1382 fertiggestellt).

1519: Karl V. wird zum römisch-deutschen Kaiser gewählt. Die Wirtschaft floriert, die Einwohnerzahl wächst auf 25.000 und dies, obwohl die Pest etwa alle zehn Jahre das Leben vieler dahinrafft. Bis Mitte des 16. Jh. bleibt Utrecht die größte Stadt der nördlichen Niederlande.

Ab 1520: Der Einfluss Luthers ist deutlich zu spüren: Der Handel mit Ablassbriefen in der Stadt bricht ein – und damit auch eine wichtige Einnahmequelle für den Dombau, der vorläufig eingestellt werden muss. Utrecht zählt fast 780 Kirchen, Klöster und Armenhäuser *(gasthuizen)*. Bis zu 10 % der Einwohner sind Geistliche.

24.8.1566: In einem ersten Bildersturm werden verschiedene Gemeindekirchen bestürmt.

Ab 1568: Die Stadt gerät im **Achtzigjährigen Krieg** zwischen dem spanischen

König Phillip II. und den Protestanten um Statthalter Willem van Oranje zwischen die Fronten.

11. Februar 1577 Die spanische Garnison in der Vredenburg zieht nach einer Belagerung von sieben Wochen ab. Willem van Oranje wird als Statthalter eingesetzt.

23. Januar 1579: Die Utrechter Union wird besiegelt. Sie bildet die Basis für die spätere Republik der Sieben Vereinigten Niederlande, die sich 1581 als unabhängig von den Spaniern erklärt.

11. Juni 1579: Zweiter Bildersturm, der am **15. Juni 1579** schließlich zum Religionsfrieden führt, der das Verhältnis von Katholiken und Reformierten regelt.

1580: Der Calvinismus ist die offizielle Religion in Utrecht.

Bis 1650: Auf den Liegenschaften der früheren (katholischen) Klöster und Immunitäten werden neue Häuser und Straßen errichtet. Durch Flüchtlinge, die von Spanien bis zum heutigen Belgien vor den spanischen Truppen fliehen, wächst die Stadt bis auf 30.000 Einwohner an. Auch Utrecht profitiert vom *Gouden Eeuw* („Goldenes Zeitalter") der holländischen Städte. Am 26. März 1636 wird die Universität gegündet.

Nach 1650: Es geht wirtschaftlich bergab. Die „kleine Eiszeit" führt zu Missernten und damit zu mehr und mehr Hunger und Armut.

1672: Die Franzosen rücken auf Utrecht vor und die Stadtväter müssen erkennen, dass Utrecht nicht zu verteidigen ist. Am 13. Juni ergibt sich die Stadt ohne Widerstand. Die französische Besatzungszeit dauert zwar nur bis zum 13. November 1673, verläuft aber recht dramatisch. Die französischen Truppen saugen die Stadt ökonomisch aus.

1. August 1674: Ein Sturm rast von Frankreich bis zum Wattenmeer. In Utrecht bricht unter anderem der Chor der Domkirche zusammen.

1702: Unter den Katholiken macht sich eine neue, strengere, nationale und weltlichere Fraktion gegen die bisherige, reguläre an Rom orientierte Kirche stark und als sie schließlich **1723** einen Bischof für Utrecht und Haarlem ernennt, droht die Kurie in Rom mit Exkommunikation. Dies führt zur Spaltung der katholischen Kirche (Schisma) in die bisherige, jetzt römisch-katholisch genannte, und die neue, altkatholisch genannte. Seitdem gibt es zwei katholische Bischöfe in der Stadt.

1747: Erneut besetzen französische Truppen die Stadt. Nach Unruhen bekommen die Oranje-Getreuen wieder Oberwasser, Willem IV. wird zum Statthalter der Vereinigten Provinzen der Niederlande. Die Wirtschaft wächst im 18. Jh. wieder.

2. August 1786: Sich gegen das staatliche Regime kehrende revolutionäre Patrioten vertreiben den Stadtrat und führen demokratische Strukturen ein. Danach kommt es zu mehreren Aufständen und einer Schlacht zwischen Truppen des Statthalters und der Patrioten, bei denen Letztere überraschenderweise die Oranje-Truppen in die Flucht schlagen.

1787: Die Oranjes versuchen, mithilfe des preußischen Königs ihre bedrohte Macht zu sichern. Schließlich ist die Frau von Willem V. van Oranje-Nassau, Wilhelmine von Preußen, die Tochter des preußischen Prinzen August Wilhelm von Preußen. Als ihr die Durchfahrt von Berlin nach Den Haag auf holländischem Boden verwehrt wird, schickt Preußen Truppen. So kommt es zum Preußischen Einmarsch in Holland und damit auch in Utrecht.

◁ Diese Kopie eines Runensteins wurde 1936 als Geschenk Dänemarks zum 300-jährigen Bestehen der Universiteit Utrecht auf dem Domplatz aufgestellt *(s. S. 24)*

045ut

Ab 1795: Französische Revolutionstruppen besetzen die Stadt. Dies bedeutet das Ende der Republik der Sieben Vereinigten Provinzen und den Beginn der Batavischen Republik unter französischer Herrschaft. Um die Einquartierung besser zu organisieren, erhalten alle damals zwölf Stadtviertel einen Buchstaben von A bis M (J wurde dabei ausgelassen) und die Häuser Hausnummern. Gehalten hat sich bis heute die Bezeichnung Wijk C, Stadtviertel C, für das Gebiet nordöstlich des Hauptbahnhofs. Unter den Franzosen werden immer mehr demokratischere Strukturen eingerichtet. So wird der Gemeinderat jetzt von den Utrechter Bürgern gewählt. Die neue Demokratie sorgt aber auch für viel Streit und so ist nach zwei Staatsstreichen 1798 und 1801 Schluss mit den demokratischen Praktiken.

1806: Holland wird zum Königreich. Herrscher wird der jüngere Bruder Bonapartes, Louis (Lodewijk Napoleon). Vom Herbst 1807 bis zum nächsten Frühjahr ist Utrecht sogar Hauptstadt. Der Gebäudekomplex um die heutige Universitätsbibliothek in der Innenstadt wird zum Palast umgebaut. Als das Stadttheater abbrennt, langweilt sich der Fürst jedoch und nimmt das Angebot Amsterdams, dort im Rathaus auf dem Dam zu residieren, gern an. Immerhin blieb die Münze in Utrecht – bis zum heutigen Tag.

28. November 1813: Die französischen Truppen ziehen ab.

1830–1875: Die Stadt wächst. Ab 1860 entstehen mehrere neue Stadtviertel, doch die meisten der jetzt 40.000 Einwohner leben noch innerhalb der Innenstadt. Ansteckungskrankheiten wie Cholera breiten sich enorm schnell aus und kosten viele Menschenleben. Friedhöfe werden jetzt außerhalb der Stadt angelegt.

1843: Die erste Eisenbahnverbindung zwischen Amsterdam und Utrecht wird eröffnet. Utrecht entwickelt sich schnell zum national wichtigsten Knotenpunkt der Eisenbahnen.

1848: Alle Religionen werden im neuen Grundgesetz gleichberechtigt.

1880: Die Wasserleitung in der Stadt ist fertig. Frisches Trinkwasser, für alle gut erreichbar, verbessert die Gesundheit der Einwohner enorm. Auch der Bau von Abwasserleitungen hilft dabei. Dank dieser Maßnahmen sinkt die Sterberate und die Einwohneranzahl steigt bis auf 100.000.

1892 Der Merwedekanaal wird fertiggestellt. Utrecht wird für größere Schiffe erreichbar und ist jetzt auch für die Industrie auf dem Wasser direkt mit Amsterdam verbunden.

Ab 1914: Mit dem Ausbruch des Ersten Weltkriegs erklären sich die Niederlande neutral und bleiben von Kriegshandlungen verschont. Wirtschaftliche Ausgrenzung in der Garnisonstadt Utrecht und großer Nahrungsmangel sind die Folge.

1919: Nach dem Ersten Weltkrieg kommt es zu einem Bauboom in der Stadt.

1929: Die Weltwirtschaftskrise trifft auch Utrecht, bis zu 18 % der Berufsbevölkerung sind arbeitslos. Die Stadt versucht, die Krise mit Baumaßnahmen zu mildern.

1935: Bei den Wahlen zu den Provinciale Staten (in etwa Landtagswahlen) gewinnt die Nationaal Socialistische Beweging (NSB) überraschend viele Sitze. Utrecht, wo die NSB ihren Hauptsitz hat, wird zur „Stadt der Bewegung" ausgerufen.

1938: Utrecht festigt seine Position als infrastruktureller Mittelpunkt des Landes. Der Hauptbahnhof wird erweitert und erneuert. Der Amsterdam-Rijnkanaal wird durch Verbreiterung und Vertiefung der Lek über Utrecht geleitet. Jetzt kann man auf dem Schiffsweg Basel-Amsterdam Utrecht direkt erreichen.

1940: Die neutralen Niederlande werden von Nazideutschland überfallen und besetzt. Durch die Bombardierung Rotterdams und die darauffolgende Kapitulation der Niederlande kommt es nicht zu einer Zerstörung Utrechts.

1942: Die massenhafte Deportation der in Utrecht lebenden Juden beginnt. Sie werden von der Maliebaanstation über Westerbork im Osten der Niederlande nach Auschwitz transportiert. Nur ein Viertel der 1600 Utrechter Juden überlebt.

5. Mai 1945 Die deutschen Truppen in den Niederlanden kapitulieren. Es werden wochenlang Feste mit den Befreiern gefeiert.

1954: Auch durch Eingemeindungen wächst die Stadt von 45.000 auf 240.000 Einwohner.

Zweite Hälfte des 20. Jh. Viele Industriefirmen in der Stadt gehen pleite. Dagegen wächst der Kaffeeröster Douwe Egberts. Arbeitsplätze entstehen bei der Gemeinde und Provinz, bei Banken und Versicherungsunternehmen sowie IT-Betrieben. Um 2000 hat die Region Utrecht die niedrigste Arbeitslosenrate der gesamten EU.

2002: Die Utrechter entscheiden sich für einen Masterplan, um das Gebiet um den Hauptbahnhof zu erneuern. Das Megaprojekt CU2030 wird in mehreren Bauabschnitten in Angriff genommen.

Beginn des 21. Jh.: Der Anteil ausländischer Mitbewohner wächst. Utrecht wird innerhalb von ein paar Jahrzehnten zu einer multikulturellen Stadt: Etwa ein Drittel der Einwohner hat einen Migrationshintergrund.

2019: Der größte Fahrradparkplatz der Welt am Utrechter Hauptbahnhof wird eröffnet. 12.500 Räder haben hier Platz. Das überdachte Einkaufszentrum Hoog Catharijne wird nach tiefgreifenden Umbauarbeiten wiedereröffnet.

2020: Die Bilderbuchfigur Nijntje (in Deutschland „Miffy" genannt) wird 80 Jahre und der Fußballclub FC Utrecht 50 Jahre alt. Außerdem startet die Vuelta a España, das große Radrennen von Spanien, in der Domstadt.

2024: Ende des Sommers ist die aufwendige Restaurierung des Domturms nach Jahren abgeschlossen. Nun thront das Wahrzeichen Utrechts wieder frei von Gerüsten über der Stadt.

◁ Utrecht, wie es Folpert van Ouwen Allen ca. 1655 sah (das Orignalbild befindet sich im Centraal Museum ⓱)

Maliebaan – Spielplatz, Prachtstraße, Exerzier- und Parademeile

Während man es in Amsterdam während des Gouden Eeuw, des Goldenen Zeitalters, so richtig krachen ließ, war es um Utrecht im 17. Jh. eher ruhig. So ruhig, dass sich selbst der französische Philosoph, Mathematiker und Naturwissenschaftler René Descartes, der 1635 für einige Monate in der Stadt weilte, um Vorlesungen in Philosophie zu geben, darüber beklagte, wie langweilig und verschlafen Utrecht doch sei. Vielleicht wurde deshalb einer Anfrage von Studenten stattgegeben, die Paille-Maille (ein Vorläufer des Spiels Krocket) spielen wollten und dafür ein geeignetes Spielfeld brauchten. Ein Ball musste bei diesem Spiel mittels eines Holzschlägers mit möglichst wenig Schlägen entlang einer Bahn durch einen Bogen am Ende des Parcours geschlagen werden.

Östlich der Stadt wurde die ca. 750 m lange Straße Maliebaan [K3/J4] angelegt. Gute Spieler konnten diesen Abstand in drei Schlägen überbrücken – der Ball musste dabei aber auf dem Boden rollen, er durfte nicht aufspringen oder gar fliegen. Die Spiele waren ein großer Erfolg, es kamen häufig recht viele Zuschauer und so entstanden auch Teehäuser und andere Lokale. 1672 meinte der französische Sonnenkönig Ludwig XIV. bei einem Besuch in Utrecht, er finde die Maliebaan so grandios, dass er sie am liebsten mit nach Paris genommen hätte. Paille-Maille wurde u. a. auch in London (Pall Mall), Hamburg-Altona (Palmaille) oder Esslingen (Maille) gespielt.

⊡ Umzug zu Ehren des heiligen Martin, dem Schutzheiligen der Stadt

Zum Ende des 17. Jh. verlor Paille-Maille an Popularität und verschwand aus dem Utrechter Stadtbild. Stattdessen inspizierte Napoleon Bonaparte auf der Maliebaan seine Truppen, weshalb die Straße auf exakt 1 km verlängert wurde. 1885 wurde hier der erste Fahrradweg in den Niederlanden eröffnet.

Während der Besatzungszeit von 1940 bis 1945 entstand in der Maliebaan eine fast schon bizarre Mischung aus Machtwahnsinn und verzweifeltem Widerstand. Da zwei der Mitbegründer der NSB, der Schwesterpartei der NSDAP, aus Utrecht stammten, hatte die Partei hier ihren Hauptsitz (Maliebaan 35). Im Laufe der Zeit wurden immer mehr Gebäude angekauft und verschiedenen Organen der niederländischen und deutschen Nazimachthaber zur Verfügung gestellt. Bizarrerweise blühte unter den Nasen der Nazibonzen auch der Widerstand. In derselben Straße befand sich der Sitz des Erzbischofs, der den kirchlichen Widerstand organisierte, es wurden Widerstandszeitungen gedruckt, Juden tauchten unter und Widerstandsgruppen trafen sich.

Heute befinden sich in den alten Herrschafts- und Patrizierhäusern Banken, Außenstellen von Ministerien, Anwaltskanzleien und eine Kindertagesstätte. Und statt blank geputzter Soldatenstiefel in strenger Parade, flanieren heute die Utrechter wieder genauso gern über ihre Prachtstraße wie früher. Außerdem wurde 1982 begonnen, hier eine Kunstroute (Beeldenroute) zu erschaffen. Die ausgestellten Skulpturen wurden ausnahmslos von Künstlerinnen erschaffen.

Leben in der Stadt

Utrecht bildet mit Amsterdam, Den Haag und Rotterdam sowie den dazwischenliegenden Gemeinden die **Metropolregion Randstad.** Die Region umfasst etwa ein Fünftel der Gesamtfläche der Niederlande, gleichzeitig lebt fast die Hälfte der Niederländer hier, weshalb das Gebiet zu den am dichtesten bevölkerten Europas gehört. Die Metropolregion ist zudem der **wirtschaftliche Motor des Landes** und Utrecht bildet das Drehkreuz der verschiedenen Verkehrswege von und in die Region. Die Stadt liegt geografisch zwar nicht genau in der Mitte des Landes, sondern etwas westlich davon, doch hier kreuzen sich die wichtigsten Fernrouten. Dies gilt auch für das hervorragend ausgebaute **Schienennetz** der Bahn, die ihren Hauptsitz in Utrecht hat.

Utrecht ist **eine der ältesten Städte der Niederlande** und war lange auch die größte und wichtigste. Schon seit dem 7. Jh. war sie eine Kirchenstadt und ist dies in gewissem Maße noch immer. Die reichen Kirchen zogen Handwerker und Künstler an, die gut verdienten. Zudem brachten sie und später auch der Staat mit zahlreichen Außenstellen von Ministerien viele **Verwaltungsstellen** in die Stadt und mit der **Universität** kamen die Gelehrten und Studenten.

Zwar ist Utrecht heute nicht mehr die größte und bedeutendste Stadt in den Niederlanden, doch sie hat sich einen gewissen Status bewahrt. Die **Messehalle Jaarbeurs** zieht landesweit die meisten internationalen Messen und damit auch Besucher in die Stadt. Seit einigen Jahren steigt Utrecht als **Reiseziel** auf der Beliebtheitsskala. Von den Besuchern der Stadt sind etwa 60 % Geschäftsreisende und anders als in den anderen großen Städten des Landes stammen mehr als die Hälfte der Touristen aus den Niederlanden. Mit dem gestiegenen Interesse nimmt natürlich auch die **Bedeutung des Tourismussektors für die Wirtschaft** zu. Das Schöne ist allerdings, dass Utrecht im Vergleich zu beispielsweise Amsterdam noch recht gemütlich daherkommt und man nicht überall über Massen an Touristen stolpert.

Utrechter sind alles in allem eher gemütliche Stadtmenschen, die sich ihrer Geschichte sehr bewusst sind und daraus Kraft schöpfen für die vielfältigen Veränderungen in modernen Zeiten. Vor allem aber lieben sie es, in ihren Kneipen und Cafés miteinander zu plaudern, auf einer sonnigen Terrasse zu sitzen und das Leben zu genießen. Fast ein Drittel der Bevölkerung sind Studenten. Universität und Fachhochschulen tragen dazu bei, dass Utrecht im Durchschnitt eine recht junge Bevölkerung hat.

046ut-bs

Monument van Vlucht en Verzet (Denkmal für Flucht und Widerstand)

Auch Utrecht hat, wenn auch weniger als beispielsweise Amsterdam, vom Sklavenhandel profitiert, und zwar indem man Anteile an den Gesellschaften, die mit dem Dreieckshandel Gewinne machten, kaufte. Diese verkauften Handelsgüter und Luxuswaren nach Afrika, kauften dort von dem Erlös Sklaven, Gold und Elfenbein, die sie im nächsten Schritt nach Nordamerika und die Karibik weiterverkauften, um dort wiederum Zucker, Kaffee, Gewürze, Baumwolle und Silber einzukaufen und nach Europa zu bringen.

Entsprechend hat die Künstlerin Patricia Kaersenhout für ihr Denkmal im Griftpark an der Van Swindenstraat die Form des Dreiecks als zentrales Gestaltungselement gewählt. Die figürlichen Darstellungen, die Teil des Denkmals sind, zitieren den Wunschtraum vieler afrikanischer Sklaven, die hofften, dass wenn sie kein Salz mehr äßen, sie dadurch so leicht würden, dass sie zurück nach Afrika fliegen könnten. Unter dem Denkmal sind 20.000 Kaurimuscheln vergraben – seinerzeit der Preis für einen Sklaven. Und die Löcher im Sockel veranschaulichen, wie viel Platz eine Person auf einem Sklavenschiff hatte.

★**104** [H1] **Monument van Vlucht en Verzet,** www.kunstinopenbareruimte-utrecht.nl/actueel/monument-van-vlucht-en-verzet

Shoppen bis zum Umfallen im modernen Hoog Catharijne (s. S. 88)

Modernisierung der Innenstadt

Was macht eine Stadt attraktiv für Bewohner und Besucher? Das ist die Frage, die immer schon **die großen Veränderungen** bestimmte, die in der Stadt unternommen wurden. Für das Einkaufszentrum **Hoog Catharijne** (s. S. 88), das 1973 festlich eröffnet wurde, wurden zahlreiche Gebäude von kulturhistorischem Wert geopfert, da sie dem Neubau und der Umgestaltung der Infrastruktur im Weg standen. Aber was in den 1970er-Jahren noch als zeitlos schön galt, wurde schnell hässlich und alt. Obdachlose, die Schutz vor der Kälte und dem Regen suchten, und Kriminalität trugen zum Imageschaden bei.

In den 1950er- und 1960er-Jahren wollte man vor allem **viel Platz für den Autoverkehr** schaffen. Altes sollte verschwinden und dafür sollten neue, moderne Wohnungen, Büros und Ladengeschäfte gebaut werden. Was im Weg stand, wurde abgerissen. Erst in den 1970er-Jahren begriff man so langsam, was man angerichtet hatte.

Doch es sollte noch bis in die 1990er-Jahre dauern, dass **neue Pläne** erstellt wurden. **Öffentlichen Verkehrsmitteln** und dem **Fahrrad** und nicht mehr dem Auto galt nun die Zukunft. Auch war bereits klar, dass der Hauptbahnhof aufgrund des stark gestiegenen Verkehrs- und Reiseaufkommens erweitert werden musste und weitere Fahrradstellplätze nötig werden würden.

Der **Catharijnesingel** sollte nicht mehr vierspurige Straße, sondern wieder Gracht sein. Innenstadt und Bahnhofsgebiet sollten durch diese Maßnahmen wieder zusammenwachsen.

048ut-bs

2002 stimmten die Bürger in einer Volksbefragung für einen Plan, nach dem das Zentrum Richtung Westen vergrößert und die alte Innenstadt entlastet werden sollen. Außerdem soll das Bahnhofsgebiet übersichtlicher und lebendiger werden, sodass die Menschen sich sicherer fühlen. Das zwischen 2012 und 2019 modernisierte Hoog Catharijne formt eine attraktiv gestaltete Verbindung zwischen der alten Innenstadt, dem Bahnhof und den Messehallen.

Die Maßnahmen wurden unter dem Titel **CU2030** zusammengefasst, wobei sich damit nicht auf eine Jahreszahl bezogen wird. Der Slogan bedeutet „See you, too, in Utrecht" (030 ist die Vorwahl von Utrecht). Die ersten Planungen gingen von 20 Jahren für die fast 40 einzelnen Abschnitte des Bauprojekts aus. Die ersten wesentlichen Veränderungen fanden am **Hauptbahnhof** statt. Utrecht ist die Verkehrsdrehscheibe der Niederlande und der am stärksten frequentierte Bahnhof des Landes. Ursprünglich für 35 Mio. Reisende jährlich gebaut, nutzten den Hauptbahnhof 2023 etwa 88 Mio. Reisende, um in Zug, Bus oder S-Bahn zu steigen. Erwartet wird, dass die Zahl bis 2030 auf 100 Mio. steigen wird. Die Modernisierung des Einkaufszentrums Hoog Catharijne ist abgeschlossen und die beiden bestehenden Fahrradparkplätze unter dem Bahnhof wurden erweitert und es wurde zusätzlich eine gigantische Fahrradtiefgarage mit Stellplätzen für 12.500 Fahrräder angelegt. Beim Neubau von Bürogebäuden müssen auch Fahrradstellplätze eingeplant werden, sodass im Gebiet um den Bahnhof nun 32.000 Parkplätze für Zweiräder vorhanden sind.

In jahrelangen Bauarbeiten hat man die Gracht **Catharijnesingel** wiederhergestellt, sodass sie wieder eine geschlossene Gracht um die alte Innenstadt bildet. Auch das ehemalige Muziekcentrum Vredenburg fand man nicht mehr zeitgemäß und schön, doch anstatt es abzureißen, entschied man sich, den großen Saal von Herman Hertzberger wegen seiner hervorragenden Akustik zu er-

MEIN TIPP

Auf den Spuren der Vergangenheit

In der Fahrradgarage unter dem Vredenburg-Platz kann man noch einige Mauerreste der Fundamente des einstigen Schlosses Vredenburg besichtigen, die bei den Bauarbeiten zum Vorschein kamen.

halten und vier weitere Konzertsäle anzubauen. Seit 2014 bieten Muziekcentrum Vredenburg, Poppodium Tivoli und Jazzcentrum SJU unter dem Namen **TivoliVredenburg** (s. S. 86) erfolgreich ein vielfältiges Programm, das jährlich von etwa 1,3 Mio. Musikliebhabern besucht wird. Zum Wasser hin wurde eine Terrasse gebaut, auf der man sich nun im Sommer im Café oder Restaurant niederlassen kann.

Der **Vredenburgplein** wurde renoviert und mit einem Mosaik verziert, das riesige Produkte abbildet, die man auf dem Markt findet. Man kann es an Tagen, an denen kein Markt stattfindet, von Costes-Laden im 1. Stock von Hoog Catharijne betrachten.

Die Kreuzung Vredenburg und Catharijnesingel ist eine der am stärksten genutzten Fahrradkreuzungen der Stadt. Seit die Strecke Vredenburg-Hauptbahnhof nur noch für Busse, Räder und Taxis zugelassen ist, brausen Messungen zufolge täglich 33.000 Räder hier durch. Und schon jetzt ist deutlich, dass die Kreuzung an ihre Belastungsgrenzen kommt und weitere Entlastungsmaßnahmen nötig sein werden, besonders wenn die Baumaßnahmen westlich des Bahnhofs (Wohnungen, Bürogebäude und Umbau Westplein) abgeschlossen sind und dort noch mehr Menschen wohnen und arbeiten.

Immerhin sind all diese Arbeiten in großen Teilen schon so weit fortgeschritten, dass die Baustellen nur noch an wenigen Stellen für Probleme sorgen und man als Bewohner oder Besucher der Stadt die Vorteile genießen kann.

Herausragender Kulturmittelpunkt: das renovierte und erweitere Tivoli-Vredenburg (s. S. 86)

047ut-bs

PRAKTISCHE REISETIPPS

049ut-bs

An- und Rückreise

Mit der Bahn

Am einfachsten erreicht man Utrecht mit dem Zug. Alle zwei Stunden fährt ein ICE von **Frankfurt am Main** direkt in die Stadt, einmal am Tag auch von **Basel** aus. Von **Berlin** aus erreicht man Utrecht mit einmal Umsteigen. Auch von Österreich aus erreicht man Utrecht mit ein- oder mehrmaligem Umsteigen über Frankfurt am Main.

Der **Hauptbahnhof** [D/E5] liegt mitten in der Innenstadt und von dort kommt man zu Fuß, mit Bussen oder einem Taxi weiter zu seiner Unterkunft. Die S-Bahnen verbinden Utrecht mit den Nachbarorten Nieuwegein und IJsselstein sowie mit dem Universitätscampus (Utrecht Science Park).

Mit dem Auto

Da in den Niederlanden praktisch alle Wege nach Utrecht führen, ist die Stadt aus allen Himmelsrichtungen hervorragend mit dem Pkw zu erreichen und schon früh gut ausgeschildert. Es gibt einen **Autobahnring**, der den Verkehr um Utrecht herum, in die und aus der Stadt führt. Man sollte lieber nicht mit dem Pkw in die Stadt fahren, sondern einen der **Park-and-Ride-Plätze** ansteuern (s. rechts).

Mit dem Flugzeug

Entscheidet man sich für das Flugzeug, fährt man vom Amsterdamer Flughafen Schiphol am besten mit dem IC nach Utrecht (viermal pro Stunde, Fahrzeit ca. 30 Minuten).

◁ Vorseite: Vom Wasser aus „erfährt" man die Stadt ganz anders

Autofahren

In der Innenstadt von Utrecht bewegt man sich am besten zu Fuß oder mit einem (Miet-)Fahrrad fort. Wenn man mit dem Pkw unterwegs ist, muss man nämlich viel Geduld mitbringen, denn die Verkehrsführung ist zum Teil so gelegt, dass man nur über Umwege an sein Ziel kommt. Man bemüht sich redlich, die Zahl der Pkws, die in die Innenstadt fahren, zu verringern, und so ist auch das **Parken** mit bis zu 7,50 € pro Stunde recht teuer. In Parkhäusern zahlt man meist etwas weniger und je weiter man vom Zentrum entfernt ist, desto günstiger wird es.

Am Stadtrand Utrechts gibt es vier ausgeschilderte **Park-and-Ride-Möglichkeiten**, die gut über den städtischen **Autobahnring** erreichbar sind. Alle Parkplätze (Papendorp und Leidsche Rijn) und -häuser (Westraven und de Uithof) haben eine direkte Bus- bzw. Stadtbahn-Anbindung (Sneltram) und sind täglich 24 Stunden geöffnet. Die Innenstadt erreicht man in ca. einer Viertelstunde. Für insgesamt 7 € kann man bis 24 Uhr seinen PKW parken und mit bis zu fünf Personen ins Stadtzentrum und

Tanken

Benzin ist in den Niederlanden teurer als in Deutschland. Diesel ist ungefähr gleich teuer. Normalbenzin (89 Oktan) wird in den Niederlanden nicht verkauft.

- Super (98 Oktan) = **Super Plus**
- Euro (95 Oktan) = **Super**
- Diesel = **Diesel**
- LPG = **Gas**
- loodvrij = **bleifrei**
- Water = **Wasser**
- Lucht = **Luft**

050ut-bs

zurück fahren (Ein- und Auschecken im Bus nicht vergessen!). Beim **Bezahlen** werden erst die regulären Parkgebühren angezeigt. Man muss dann angeben, dass man eine OV-Karte scannen möchte, um so den Rabatt auf die Parkgebühren zu erhalten.

Bei allen vier P+Rs gibt es mehrere **Ladesäulen** für Elektroautos.

› **Infos:** www.utrecht.nl/wonen-en-leven/parkeren/parkeren-bezoeker/parkeer garages-in-utrecht/#c434032 (auf Niederländisch)

Auf niederländischen Autobahnen gilt zwischen 6 und 19 Uhr eine **Höchstgeschwindigkeit** von 100 km/h (sonst 130 km/h), auf Landstraßen 80 km/h und in Ortschaften darf man max. 50 km/h fahren. Für Autofahrer, die ihren Führerschein weniger als fünf Jahre besitzen, gilt eine **Promillegrenze** von 0,2, danach gelten 0,5 Promille.

Als Autofahrer muss man sich zudem auf einige Besonderheiten einstellen. So haben Niederländer zum Beispiel die Neigung, noch schnell **bei Rot über die Kreuzung** zu fahren. In Utrecht gibt es zudem sogenannte **Fahrradstraßen** *(Fietsstraat),* auf denen Pkws nur „zu Gast" sind. Fahrräder haben dort Vorrang und Autofahrer müssen den Radlern Platz machen. **Radfahrer** dürfen in vielen Einbahnstraßen auch gegen die Fahrtrichtung fahren. Es kann also durchaus sein, dass sie völlig unerwartet aus Seitenstraßen auftauchen. Im Allgemeinen kümmern sich Radler wenig um Verkehrsregeln: Wenn man fahren kann, fährt man.

⌃ *Der Utrechter Hauptbahnhof ist der verkehrsreichste Bahnhof des Landes*

Barrierefreies Reisen

Museen, Hotels und Läden bemühen sich, auch Menschen mit eingeschränkter Beweglichkeit den Aufenthalt so angenehm wie möglich zu gestalten. Bei einigen historischen Gebäuden bleibt Menschen mit Rollstuhl der Zugang aber verwehrt. Zum Beispiel sind die **Gewölbekeller** nur über Treppen erreichbar. Auf der Website **www.wheelmap.org** kann man sich barrierefreie Orte in der Stadt anzeigen lassen. Vor allem bei **Hotels**, die in älteren Gebäuden untergebracht sind, ist es wichtig, sich schon vorher zu erkundigen, ob eine Unterkunft auch für Gehbehinderte geeignet ist. Nicht immer steht für alle Zimmer ein Aufzug zur Verfügung.

Viele **Ampeln** sind mit einem Signalton oder einem vibrierenden Knopf ausgestattet, sodass **Sehbehinderte** hören können, wann die Ampel auf Rot (langsames Signal) oder Grün (schnelleres Signal) schaltet. Bei Ampeln sind die Bordsteine abgesenkt und der Rand ist durch Platten mit Wellenmuster oder Gummiplatten deutlich spürbar. Wellenmuster-Platten markieren z. B. auch auf Bahnhöfen den Bahnsteigrand.

Für Rollstuhlfahrer ist die **Innenstadt** im Prinzip gut zugänglich, Kopfsteinpflaster auf vielen Straßen kann das Vorwärtskommen allerdings etwas erschweren. Die meisten **Busse** und die **Tram** nach Nieuwegein/IJsselstein sind durch einen niedrigen Einstieg gut zugänglich. Alle Haltestationen werden sowohl angezeigt als auch über Lautsprecher durchgesagt. Welche Haltestellen wie zugänglich sind, kann man unter https://halteviewer.ov-data.nl einsehen (auf Niederländisch).

Bei der **holländischen Bahn (NS)** kann man für die Ankunft oder Abfahrt in Bahnhof Utrecht Centraal Hilfe anfordern. Die Anfrage sollte allerdings mindestens eine Stunde vor Reisebeginn (kommt man mit einem internationalen Zug: 48 Stunden vorher) bei NS Travel Assistance getätigt werden.

› Tel. 030 2357822 (tgl. 24 Stunden), www.ns.nl/en/travel-information/traveling-with-a-disability

Diplomatische Vertretungen

Die Botschaften *(Ambassades)* Deutschlands, Österreichs und der Schweiz befinden sich in Den Haag, dem politischen Zentrum der Niederlande. Deutschland unterhält zudem ein Generalkonsulat in Amsterdam. Für alle Einrichtungen gilt: Einen Termin erhält man nur nach voriger Vereinbarung.

› **Deutsches Generalkonsulat,** Honthorststraat 36–38, 1071 DG Amsterdam, Tel. +31205747700 (Mo.–Do. 8.30–11.30 u. 13.30–15, Fr. 8.30–12 Uhr), www.amsterdam.diplo.de. Termine für Passangelegenheiten und Visa-Anfragen müssen vorab online gebucht werden. Im Notfall: Tel. +31622459841.

› **Österreichische Botschaft,** Van Alkemadelaan 342, 2597 AS Den Haag, Tel. +31703245470 (Mo.–Fr. 9–17 Uhr), www.bmeia.gv.at/botschaft/den-haag.html, Mo., Di., Do., Fr. 10–12, Mi. 14–16 Uhr, im Notfall: Tel. +31615098115

› **Schweizerische Botschaft,** Lange Voorhout 42, 2514 EE Den Haag, Tel. +31703642831/32 (Mo.–Do. 10–12, 14–16, Fr. 10–12 Uhr), www.eda.admin.ch/denhaag

Drogen

Allen Gerüchten zum Trotz sind der Handel und der Besitz von harten und weichen Drogen **auch in den Niederlanden strafbar.** Der Besitz von weichen Drogen wie Haschisch wird aber in der Regel nicht geahndet, wenn die Menge auf persönlichen Gebrauch hindeutet (bis ca. 5 g).

Auch der Verkauf dieser Drogen in sogenannten **Coffeeshops** wird geduldet, ist aber ebenso wenig legal. Die Qualität der Drogen dort ist sehr hoch, man sollte also vorsichtig sein, denn es hat sich schon mancher Tourist zu viel des Guten genehmigt.

Regelmäßig wird die Drogenpolitik kontrovers diskutiert. In manchen Städten wurden bereits Coffeeshops geschlossen, weil sich Anwohner über Belästigungen beschwerten.

Der **Verkauf** von Haschisch oder Marihuana sowohl an Minderjährige als auch an Menschen, die nicht in den Niederlanden wohnhaft sind, ist den Coffeeshops per **Gesetz** verboten. Dieser Tatsache sollte man sich immer bewusst sein.

› **Infos und Adressen:** www.dutch-coffeeshops.com/coffeeshop-adresses/coffeeshops-utrecht und https://en.getsmokin.nl/coffeeshops/utrecht

› Zum Rauchverbot s. S. 82.

Geldfragen

In den Niederlanden zahlt man mit dem **Euro.** Bei Barzahlungen werden die Preise auf 5 Cent **auf- oder abgerundet.** In den meisten Geschäfte werden keine 100-, 200- oder 500-Euro-Scheine akzeptiert und auch in Utrecht bürgert es sich langsam ein, dass Geschäfte, Restaurants und Cafés, vor allem aber auch Nachtclubs und Orte für Livemusik oder Discos **nur noch Kartenzahlung akzeptieren.** Das müsste mit einer normalen **Debitkarte** (auch Girocard genannt) einer deutschen Bank kein Problem sein, klappt aber trotz alledem nicht immer. Im Zweifel hilft eine **Kreditkarte** weiter. Auch andere elektronische Bezahlmittel wie ApplePay werden in vielen Fällen akzeptiert. Wenn man mit Bargeld bezahlen möchte, fragt man am besten vorher nach. Manche Hotels verlangen bei der Registrierung zudem eine Kreditkarte.

Die **Preise** entsprechen mitteleuropäischem Standard, wie er auch in Deutschland besteht.

In der Touristeninformation (s. S. 114) gibt es auch neuere Stadtpläne

051ut-bs

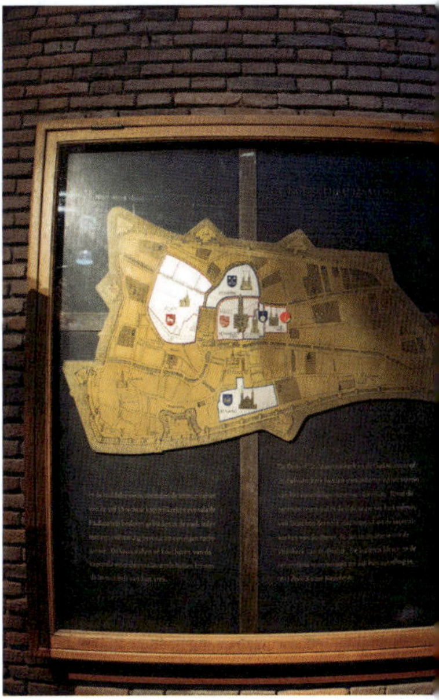

Utrecht preiswert

Auch in Utrecht gibt es eine Reihe von Möglichkeiten, um den Geldbeutel zu schonen.

- **TivoliVredenburg** (s. S. 86) lädt freitags um 12.30 Uhr zum kostenlosen „lunchpauzeconcert", das normalerweise die Conservatoriums-Studenten im Rahmen ihrer Ausbildung geben. Die Platzkarten dafür werden ab 9 Uhr morgens freigegeben (online oder an der Kasse) und man sollte zeitig erscheinen, um einen guten Sitzplatz zu erwischen.
- Samstagmittags (15.30 Uhr) finden in der **Domkirche** Gratiskonzerte statt („zaterdagmiddagmuziek"). Es handelt sich um Orgelmusik oder manchmal auch kleinere Orchester. Meist werden Werke kirchlicher Musik gespielt.
- Im **'t Oude Pothuys** (s. S. 86) wird fast jeden Abend Livemusik geboten, zu der man sich ein Bier, einen Wein oder eine Mahlzeit gönnen kann.
- **Kerken luisteren** organisiert diverse Konzerte in den Kirchen der Stadt, die meistens auf Spendenbasis zugänglich sind (www.kerkenkijken.nl/actueel/agenda).
- Samstags zwischen 13 und 16 Uhr werden in der Windmühle De Ster 26 Führungen abgehalten. Ob die Mühle angeworfen werden kann, hängt natürlich vom Wind ab. Ein Beitrag für die freiwilligen Helfer ist willkommen.
- Von Anfang Mai bis Ende September organisiert die Stiftung Skatetouren rund um und in Utrecht die **Utrecht Skate Parade** (ca. 25 km in 2 Std.). Startpunkt ist jeweils freitags um 19.45 Uhr am Lucasbolwerk, Skates und Schützer können für 10 € ausgeliehen werden (www.u-skate-parade.nl).
- Die Stadt hat in Zusammenarbeit mit Sponsoren zahlreiche **Wasserzapfstellen** in der Stadt installiert, sodass niemand mehr Plastikwasserflaschen kaufen muss. Die Säulen, die sich zum Beispiel am Janskerkhof 22 (auf Höhe der Bushaltestelle) und am Stadhuis 11 (beim Zugang zum Fahrradparkplatz), befinden, sind entweder weiß oder blau, fallen aber nicht leicht auf. Auf der Website der Gemeinde findet man eine Karte, in der die unterschiedlichen Wasserzapfstellen verzeichnet sind: www.utrecht.nl/wonen-en-leven/gezonde-leefomgeving/kraanwatertappunten.

Informationsquellen

Infostellen in der Stadt

Die offizielle Touristeninformation (VVV) der Stadt:

- 105 [G4] **VVV Utrecht Informatie Centrum,** Domplein 9, 3512 JC, Tel. +31 (0)30 2360004, www.entdecke-utrecht.de, tgl. 10–17, im Sommer bis 18 Uhr

Utrecht im Internet

- **www.utrecht.nl:** Die offizielle Website der Stadt Utrecht. Auf dem englischsprachigen Teil findet sich auch ein Video mit Zahlen und Fakten.
- **www.uitagendautrecht.nl/en:** In den Gratiszeitschriften Uitagenda und Mag Utrecht, die an vielen Orten ausliegen (Museen, Restaurants, Kneipen), sind

alle aktuellen Veranstaltungen, Festivals, Ausstellungen und mehr verzeichnet. Beide sind auch online verfügbar.

- **www.holland.com:** Die offizielle Tourismuswebsite der Niederlande bietet außer allgemeinen Reiseinformationen auch weitere Informationen zu Utrecht.

LGBT+

In den Niederlanden können auch gleichgeschlechtliche Paare eine Ehe mit allen Rechten und Pflichten schließen und die generelle Stimmung in Utrecht ist relaxt. Dennoch gibt es leider immer mal wieder einzelne tätliche Übergriffe auf Mitglieder der LGBT+ Community, was in der Stadt für großes Unbehagen sorgt. Wer beleidigt, belästigt oder angegriffen wurde, kann dies bei einer Sondereinheit der Polizei melden:

- **Pink in Blue,** Tel. 0881691234 (Direktwahl), www.facebook.com/pg/rozeinblauw (auf Niederländisch)

Informationen

- **COC Midden Nederland,** www.cocmiddennederland.nl. Nationales Büro für Schwule und Lesben, Bisexuelle und Transpersonen.

Quer durch die Szene

Die meisten der an dieser Stelle aufgeführten Treffpunkte, Bars und Clubs werden von einem gemischten Publikum besucht, Ausnahmen sind extra angegeben.

Bars, Kneipen, Clubs

106 [F3] **Bodytalk,** Oudegracht 64, Tel. 2315747, https://bodytalk.my.canva.site/start. Sehr beliebte Bar mitten in der Innenstadt mit entspannter, freundlicher

Unsere Literaturtipps

- Zeitgenössische Utrechter Autoren, die ins Deutsche übersetzt wurden, schreiben meist nicht über ihre Stadt. Eine angenehme Ausnahme sind die Bücher „Erinnerte Tage“ (2017), „Solange es leicht ist“ ist (2018), „Es regnet im Radio“ (2021) und „Mütter“ (2023) von **Herman van Veen** mit lebendigen Kindheitserinnerungen, in denen Utrecht liebevoll porträtiert wird.
- **Arthur Japin** schrieb mit „Die Verführung“ (2006) einen historischen Roman, der in Venedig und in Amsterdam spielt.
- **Stephan Enter** erzählt in „Im Griff“ (2013) über ein Wiedersehen nach einem tragischen Wanderurlaub auf den Lofoten 20 Jahre früher und wirft die Frage auf, ob man wirklich das Leben führt, das man tatsächlich möchte, bzw. ob die Entscheidungen, die man getroffen hat, auch wirklich die eigenen waren.
- **Mark Boog** schrieb mit „Mein letzter Mord“ (2012) einen tiefgründigen Kriminalroman, der fragt, ob man selbst zum Mörder werden muss, um einen Mörder zu verstehen.
- Ausgewählte Gedichte von zwei der wichtigsten niederländischen Lyriker vom Anfang des 20. Jh., **Gerrit Achterberg** (1899–1940) und **Hendrik Marsman** (1905–1962), findet man in „Land ohne Ende“ (2016).
- **Ronald Giphart** erzählt in „Alle tijd“ (2013) von sechs Freunden, die eine Bierbrauerei in einem Utrechter Werftkeller gründen (nur auf Niederländisch).

Atmosphäre. Vor allem am Wochenende geht es oft auch bis spät in die Nacht (Do. bis 3, Fr., Sa. bis 4 Uhr) noch hoch her.

107 [F3] **Cafe Kalff,** Oudegracht 47, Tel. 2310919, www.cafekalff.nl. Gesellige entspannte Bar. Samstag und Sonntag oft mit Programm und etwas wilder.

› **Club Rits,** https://ekko.nl/event-archived/club-rits-8. Organisiert wilde, auch heterofreundliche Tanzabende im Ekko (s. S. 86), es werden verschiedene Musikrichtungen gespielt.

Feste

› **Midzomergrachtenfestival,** www.midzomergracht.nl. Ein (mindestens) siebentägiges, buntes, internationales Festival in der Innenstadt (drinnen und draußen). U. a. mit dem Carneval Comparsa, Queer Film Festival, Theatervorstellungen, Lesungen, Ausstellungen und sogar Glockenspiel aus dem Domturm mit Hits aus der Szene. Mit viel Sport, Aufklärungsarbeit, Kultur und Pride.

› **PANN,** www.pann.nl. Seit 1969 organisiert die Stiftung Pann einmal im Monat eine große Party für junge Leute ab 16 Jahren. An jedem dritten Samstag geht es im TivoliVredenburg (s. S. 86) so richtig rund. Ein paarmal im Jahr wird im De Helling (s. S. 86) auch eine „Pann 25+"-Party organisiert.

Buchhandlung

108 [F4] **Savannah Bay,** Telingstraat 13, Tel. 2314410, www.savannahbay.nl, Mo. 13–18, Di.–Sa. 10–18, So. 13–17 Uhr. In einer ruhigen Seitenstraße inmitten der Innenstadt befindet sich der älteste Frauenbuchhandel der Niederlande, gegründet 1975 unter dem Namen Heksenkelder. Hier gibt es auch viel englischsprachige LGBT-Lektüre. Savannah Bay ist mehr als nur ein Buchladen, es ist auch ein Treffpunkt für Gleichgesinnte. Außerdem befindet sich hier auch das Informationszentrum Pink Point.

Medizinische Versorgung

Das niederländische Gesundheitssystem ist gut ausgebaut. Mit den meisten Ärzten kann man sich auch auf Deutsch verständigen, Englisch fällt den Niederländern im Allgemeinen aber leichter. Bei Problemen kann man sich zunächst an die Hotelrezeption wenden. Man sollte seinen Ausweis und die Krankenversicherungskarte mitnehmen! Normalerweise muss man die Behandlung erst direkt abrechnen, um die Rechnung dann später bei seiner Krankenkasse einzureichen.

Bei einem lebensbedrohlichen Notfall wählt man die **Notrufnummer 112.** In allen anderen Fällen muss man Kontakt zu einem **Hausarzt** *(huisarts)* aufnehmen. Dieser stellt dann gegebenenfalls eine Überweisung für ein Krankenhaus aus. Eine Liste aller Hausärzte in Utrecht findet man unter www.independer.nl/huisarts/regio/utrecht/utrecht/intro.aspx. Außerhalb der Sprechstundenzeiten wendet man sich an den Notfall-Hausarzt (*huisartsenpost,* Tel. 088 1309670).

109 **Antoniusziekenhuis,** Soestwetering 1, Tel. 088 3203300, www.antoniusziekenhuis.nl, Zweigstelle: Koekoekslaan 1, Nieuwegein (südlich angebunden an Utrecht). Am Telefon muss man erst eine Wahl treffen: Utrecht oder Nieuwegein.

110 [K7] **Diakonessenhuis Utrecht,** Bosboomstraat 1 (Haupteingang), Tel. 088 2505000, www.diakonessenhuis.nl, im Krankenhaus „Route 254" folgen. Notaufnahme, Notfall-Hausarzt und die Notfallapotheke sind beim Eingang Burgemeester Fockema Andreaelaan 60 zu finden. **Notaufnahme,** Tel. 088 2505000.

065ut-bs

Notfall-Hausarzt *(huisartsenpost)*, Tel. 088 1309670, www.primair-hap.nl. Nur für Notfälle außerhalb der normalen Öffnungszeiten von Arztpraxen (abends, Wochenende, Feiertage).

- 111 **UMC Utrecht (Universiteits Medisch Centrum),** Heidelberglaan 100, Tel. 088 7566666, www.umcutrecht.nl/nl, den Schildern „Spoed/Emergency" folgen
- › **Tandarts Spoed Praktijk Utrecht,** im Antoniusziekenhuis Utrecht (s. links), Tel. 0900 8602 oder 020 7401221, www.tandartsspoedpraktijk.nl/locaties/st-antonius-utrecht. Täglich 24 Stunden geöffneter Zahnarzt.
- 112 [K7] **Dienstapotheek Utrecht,** Rubenslaan 190D, Tel. 2144583, www.dienstapotheekutrecht.nl, Mo.–Fr. 17.30–8 Uhr, Sa., So. und Feiertage 24 Stunden geöffnet. Notfallapotheke.
- › Auf **www.apotheek.nl** kann man unter *vind een apotheek* „Utrecht" eingeben, dann werden alle Apotheken der Stadt mit Öffnungszeiten aufgelistet.

Notarztwagen auf der Oudegracht

Mit Kindern unterwegs

Museen und Sonstiges

- › Auf die **Aussichtsplattform auf den Domtoren** (2) führen viele Treppen. Wer es nach oben schafft, wird mit einer tollen Aussicht über die Stadt belohnt.
- 113 [H7] **Nijntje Museum,** Agnietenstraat 2, Tel. 2362399, www.nijntjemuseum.nl, Di.–So. 10–17 Uhr, Eintritt: 8 €, 2–6 Jahre 12 € (Tickets nur online verfügbar). Ein eigenes Museum für die (ganz) Kleinen. Die Hauptrolle spielt die Bilderbuchfigur Nijntje (auf Deutsch Miffy oder Nina), ein weißes Kaninchen. Die Räume sind als Themenspielplätze wie eine Küche, ein Garten, eine Arztpraxis usw. eingerichtet und man kann sich auf zwei Stockwerken in Nijntjes Welt ausleben.
- › **Museum Speelklok** (13): Lustige Uhren, auf denen Vögel fliegen, Maler malen und eine Violine sich selbst spielt, oder auch Dreh- und Musikorgeln mit fröhlicher Musik machen dieses Museum auch für Kinder kurzweilig.
- › Das **Spoorwegmuseum** (25) bietet viele Attraktionen für Kinder zum Mitmachen, Anfassen und der wildesten Zugfahrt, die man wohl je erlebt hat.

- In der **Sterrenwacht Sonnenborgh** ⑲ kann man auch spielerisch mit einem Tablet in der Hand das Weltall erkunden.
- Im **Universiteitsmuseum Utrecht mit Oude Hortus** (s. S. 76) können kleine und große Besucher ihre wissenschaftlichen Fähigkeiten erproben und sich im alten botanischen Garten der Universität entspannen.

Im Freien

- Im Rundfahrboot kann man sich durch die Grachten fahren lassen oder man kann im eigenen Tempo selbst paddeln oder Tretboot fahren (s. S. 123).
- **Griftpark** [H1]. Nicht weit vom Zentrum entfernter Park mit Spielplätzen, Wasserspielen, Kräutergarten für Kinder und dem Streichelzoo Kinderboerderij Griftsteede (s. rechts), einer großen Liegewiese, einer Skaterbahn und einem Fußballkäfig. Der Park ist 24 Stunden geöffnet, Kinderzoo, Spielplatz und WCs Di.–So. 10–17 Uhr.

114 [H1] **Peter's Bistro** €, Blauwkapelseweg 30, Tel. 2716699, www.petersbistro.nl, tgl. 12–21 Uhr. Nach dem Spielen und Toben bietet sich dieses Bistro mitten im Griftpark für eine Stärkung an.

Streichelzoos (Kinderboerderijen)

•**115 Eilandstede,** am Rand zum Park Transwijk, Vreugdenhillaan 31, Tel. 7533820, www.utrechtnatuurlijk.nl/locaties/eilandsteede, Di.–So. 10–17 Uhr, Eintritt kostenlos

•**116** [H1] **Kinderboerderij Griftsteede,** Van Swindenstraat 129, Tel. 7533840, www.utrechtnatuurlijk.nl/locaties/griftsteede, Di.–So. 10–17 Uhr, Eintritt kostenlos

•**117 Koppelsteede,** Koppeldijk 115, Tel. 7533850, www.utrechtnatuurlijk.nl/locaties/koppelsteede, Di.–So. 10–17 Uhr, Eintritt kostenlos

Notfälle

Notrufnummern

- In Notfällen gilt die **landesweite Notrufnummer („alarmnummer") 112.** Man wird gefragt, ob man mit der Polizei *(politie)*, einem Krankenhaus *(ambulance)* oder der Feuerwehr *(brandweer)* verbunden werden will und an welchem Ort man sich befindet. Dann wird man weitergeleitet.

052ut-bs

› **Polizei:** Tel. 09008844. Diese Nummer kann man anrufen, wenn man keine akute Hilfe benötigt.

Fundsachen

An **Bahnhöfen** werden Fundsachen *(gevonden voorwerpen)* fünf Tage lang aufbewahrt und dann ins zentrale Fundbüro nach Utrecht geschickt.

› Tel. 030 7515155

Wird in der **Stadt** etwas gefunden und gemeldet, setzt die Stadt Utrecht die Gegenstände mit Foto auf eine Website und man kann sehen, ob der Schrecken schnell wieder ein Ende findet: https://ilost.co/de/org/gemeente-utrecht.

Auch der **öffentliche Nahverkehr** arbeitet mit iLost: https://ilost.co/de/org/qbuzz?country=nl&location=1000.

Hat man etwas im **Zug** verloren, kann man hier ein Formular ausfüllen: www.ns.nl/en/customer-service/lost-or-stolen/lost-and-found-items.html.

Kartensperrung

Bei **Verlust der Debit-/Giro-, Kredit- oder SIM-Karte** gibt es für Kartensperrungen eine **deutsche Zentralnummer** (unbedingt vor der Reise klären, ob die eigene Bank bzw. der jeweilige Mobilfunkanbieter diesem Notrufsystem angeschlossen ist). **Aber Achtung:** Mit der telefonischen Sperrung sind die Bezahlkarten zwar für die Bezahlung/Geldabhebung mit der PIN gesperrt, nicht jedoch für das **Lastschriftverfahren mit Unterschrift.** Man sollte daher auf jeden Fall den Verlust zusätzlich **bei der Polizei zur Anzeige bringen,** um gegebenenfalls auftretende Ansprüche zurückweisen zu können.

In **Österreich** und der **Schweiz** gibt es keine zentrale Sperrnummer, daher sollten sich Besitzer von in diesen Ländern ausgestellten Debit- oder Kreditkarten vor der Abreise bei ihrem Kreditinstitut über den zuständigen Sperrnotruf informieren.

Generell sollte man sich immer die **wichtigsten Daten** wie Kartennummer und Ausstellungsdatum **separat notieren,** da diese unter Umständen abgefragt werden.

› **Deutscher Sperrnotruf:** Tel. +49 116116 oder Tel. +49 3040504050
› **Weitere Infos:** www.kartensicherheit.de, www.sperr-notruf.de

Öffnungszeiten

Bei **Ämtern** muss man zuerst online einen Termin vereinbaren. Für **Geschäfte** gelten folgende Öffnungszeiten:

› Mo. 11 bzw. 13–18 Uhr (manche Geschäfte, Cafés, Restaurants, Museen usw. bleiben den ganzen Montag über geschlossen), Di.–Fr. 9–18 Uhr (Do. bis 21 Uhr), Sa. 9–17 Uhr, So. 12–17 Uhr. In der Innenstadt sind viele Geschäfte sonntags geöffnet, allerdings sind sie nicht dazu verpflichtet.

Post

Die **Briefkästen** der TNT Post sind orange oder rot. An jedem Briefkasten befinden sich zwei Schlitze: einer für Utrecht und einer für den Rest der Welt *(overige bestemmingen).* Mo. bis Fr. wird einmal pro Tag geleert.

◁ Das Nijntje Museum (s. S. 117) bietet Spaß für die ganz Kleinen

Die schnelle Post ins Ausland heißt **Priority** (2–3 Tage), die normale Post ist etwas günstiger (4–5 Tage). Als Brief gilt alles unter 2 kg, sofern es durch den Schlitz passt. Alles andere muss als Paket verschickt werden, egal ob es 50 g oder 5 kg wiegt.

Das **Porto** für Priority-Postkarten und -Briefe innerhalb Europas beträgt 1,75 € (eine Briefmarke International, bis 20 g), 3,50 € (bis 50 g), 4,90 € (bis 100 g), 8,40 € (bis 500 g), 9 € (bis 1 kg), bzw. 9,50 € (bis 2 kg). **Briefmarken** bekommt man fast immer da, wo es Postkarten gibt, außerdem in Bruna- und Primera-Läden und bei der Post.

Die **Postfilialen** sind inzwischen in Supermarkt- oder Buchladenketten untergebracht.

069ut-bs

⊡ *Ob im Alltag oder als Sport: Die Niederländer lieben das Radfahren*

Radfahren

Die Niederlande sind natürlich das **Radfahrerland schlechthin:** Alles ist flach und es gibt ein riesiges Netz an breiten und meist auch baulich abgetrennten Fahrradwegen. Zudem können die Autofahrer Verhalten, Abstände und Geschwindigkeit von Radlern meist gut einschätzen – schließlich sind alle niederländischen Autofahrer zu Zeiten ja auch Radfahrer.

Fahrräder müssen an den **ausgeschilderten Abstellplätzen** oder besser noch in einem Fahrradparkhaus abgestellt werden, sonst kann es sein, dass sie entfernt werden. Dann muss man sie über die Website www.verlorenofgevonden.nl suchen.

Als besondere Verkehrsregel für Fahrradfahrer gilt, dass diese auch **umgekehrt in Einbahnstraßen fahren dürfen,** wenn unter dem Sperrschild ein kleines weißes Schild mit einem Fahrradsymbol und einem Pfeil nach oben hängt oder ein Schild mit der Aufschrift „uitgezonderd" („ausgenommen") und dann die Symbole.

Fahrradverleih

- •**118** [E3] **Black Bikes Utrecht,** Vredenburg 29, Tel. 0852737454, www.blackbikes.com/nl/steden/utrecht, Mo.–Fr. 8.30–18.30, Sa., So. 9–18 Uhr. Stadtrad 13 € für 3 Std. (Tandem 17,50 €), 17,50 € für 24 Std. (Tandem 27,50 €). Vergünstigungen möglich, wenn man mehrere Tage mietet.
- › **Fietsverhuur VVV Utrecht Informatie Centrum** (s. S. 114), 10 €/Tag, 100 € Kaution in bar, tgl. 10–17 Uhr
- •**119** [E4] **Laag Catharijne 1,** Catharijnesingel 28, Tel. 2316780, www.laagcatharijne.nl, Mo.–Fr. 9–18.30, Sa.

10–18 Uhr, Stadtrad ab 8,50 €, E-Bike ab 30 €, Tandem ab 20 €

- •120 [H4] **Laag Catharijne 2,** Nachtegalstraat 1, Tel. 2302916, www.laagcatharijne.nl, Mo.–Fr. 9–18, Sa. 10–17 Uhr
- •121 [E3] **Willemstraatbike,** Willemstraat 22, Tel. 2741912, Mo.–Fr. 9–18.30, Sa. 10–18, So. 12–18 Uhr. Stadtrad ab 8 € pro Tag, E-Bike ab 25 €

Bewachte Fahrradparkplätze

- › **Laag Catharijne** (s. S. 120), Tel. 4100231, Mo.–Mi. 7–1, Do.–Sa. 7–4, So. 11.30–1 Uhr, erste 24 Std. gratis, danach 0,70 € pro angefangene 24 Std.
- •122 [F4] **Neude,** Neude 11, Tel. 4100402, Mo.–Mi. 7–1, Do. 7 bis Mo. 1 Uhr durchgehend, erste 24 Std. gratis, danach 0,70 € pro angefangene 24 Std.
- 11 [F4] **Stadhuis,** Stadhuisplein 4, Tel. 4100401, Mo.–Mi. 7–24, Do.–Sa. 7–4, So. 11.30–24 Uhr, erste 24 Std. gratis, danach 0,70 € pro angefangene 24 Std.
- •123 [E5] **Stationsplein (Moreelsepark),** Stationsplein 7, tgl. 24 Std. geöffnet, erste 24 Std. gratis, danach 1,35 € pro angefangene 24 Std.
- •124 [E4] **Vredenburg,** Vredenburg 46, Tel. 4100443, Mo.–Mi. 7–1, Do. 7 bis Mo. 1 Uhr durchgehend, erste 24 Std. gratis, danach 0,70 € pro angefangene 24 Std.
- •125 [F5] **Zadelstraat,** Mariaplaats 2, Tel. 410330, Mo.–Mi. 7–24, Do.–Sa. 7–4, So. 11.30–24 Uhr, erste 24 Std. gratis, danach 0,50 € pro angefangene 24 Std.

Sicherheit

Utrecht gilt im Allgemeinen als sichere Stadt. Wie in fast jeder Stadt gibt es aber auch hier Kleinkriminalität. **Taschendiebe** sind im gesamten Innenstadtbereich, vor allem im Bahnhof und im Einkaufszentrum Hoog Catharijne sowie an der Oudegracht, unterwegs. Normalerweise ist es so, dass sich Fußgänger in den Niederlanden auch auf den belebtesten Straßen praktisch nicht berühren. Wenn man doch angerempelt wird, könnte man gerade seinen Geldbeutel losgeworden sein. Ein weiterer beliebter Trick ist es, müde Reisende mit viel Gepäck in ein Gespräch zu verwickeln, während ein Komplize in dieser Zeit den Koffer stiehlt.

Man sollte zudem alles Wertvolle aus dem Auto herausnehmen, was nicht fest installiert ist. Es kommt vor, dass zwei Jugendliche auf einem Moped im Verkehrsstau blitzschnell die Scheibe der Beifahrerseite einschlagen, Taschen oder Laptops stehlen und dann im Nu verschwinden. Also nichts auf dem Beifahrersitz ablegen. In parkenden Autos sollte man grundsätzlich nichts sichtbar aufbewahren.

Falls man Opfer eines Diebstahls geworden ist, sollte man sich an die **Polizei** wenden (s. S. 119)

054ut-bs

So sicherheitsliebend ist Utrecht: Der Teufel und sein Knecht warfen sich einmal zwischen zwei Brücken Steine zu. Als einer eine Hausfassade traf, wurde der „gefährliche" Stein direkt festgekettet.

055ut-bs

Sprache

Das **Niederländische** gehört zur Sprachgruppe der westgermanischen Sprachen. Die Grammatik hat sehr große Ähnlichkeit mit dem Englischen, die Wörter mit dem Deutschen (siehe auch s. S. 130). Viele moderne Wörter stammen aus dem Englischen.

Mit **Englisch** kann man sich in Utrecht überall verständigen, in manchen Läden wird man zum Ärger vieler Einheimischer sogar schon auf Englisch angesprochen. Auch Speisekarten sind meistens auf Englisch und in anderen Sprachen zu bekommen. **Deutsch** ist weit weniger beliebt, was teilweise mit auf den Zweiten Weltkrieg zurückgehenden Ressentiments zu tun hat. Es wird viel mehr Englisch als Deutsch gelernt und viele fühlen sich deshalb sicherer, wenn sie Englisch sprechen können. In jedem Fall ist es gut, zunächst zu fragen, ob ein Gesprächspartner die jeweilige Sprache spricht. Es macht wenig Mühe und schafft guten Willen beim Gegenüber.

Stadttouren

Stadtrundgänge

- **Free Walking Tour Utrecht,** www.freewalkingtourutrecht.com, im Sommer tgl. 10.30 und 13.30 Uhr, Thementouren, z. B. Mittelalter oder Zweiter Weltkrieg. Ausgangspunkt: Domturm (Domplatz). Dauer ca. 2½–3 Std. Die Stadtführungen sind gratis (Spenden erbeten) und auf Englisch. Es können auch andere Thementouren gebucht werden. Anmeldung über die Website.
- **Free Walking Tour,** https://freewalkingtourutrecht.com, im Sommer tgl. 10.30 und 13.30 Uhr, Startpunkt Domplatz, Dauer ca. 2 Std., Sprache: Englisch. Keine Voranmeldung, einfach pünktlich sein, Spenden erbeten.
- **Gilde Utrecht,** Tel. 2343252, www.gildeutrecht.nl/rondleidingen/over-rondleidingen. Wenn möglich, drei Werktage vorher anfragen, Zeiten können individuell vereinbart werden. Dauer 1½ Std., bis 3 Personen 24 €, danach 8 € pro Person, bis 18 Jahre 4 €. Auch auf Deutsch.
- **VVV Utrecht Domplein** (s. S. 114), www.entdecke-utrecht.de/stadtrundgaenge-mit-fuehrung, April–Sept. jeden Samstag, Startzeit erfragen, Dauer 1½ Std. Okt.–April Fr., Sa. 20.30 Uhr Lumen-Tour: die Innenstadt entdecken, indem man ihren Lichtkunstwerken folgt. Diese und andere Touren kosten pro Person 12,50 €.

Schiffsrundfahrten

Eine Bootsfahrt durch Utrechts Zentrum ist eine gemütliche und interessante Art und Weise, die Stadt kennenzulernen. Wer gern selbst paddelt oder radelt, kann die Wasserstraßen auch noch sportlich erkunden. Da die alte Innenstadt Utrechts noch immer von Wasser umfasst ist, kann man auch ganz herumfahren.

Grachtenrundfahrten

Alle Rundfahrten der Rederij Schuttevaer haben ihren Anfangs- und Endpunkt gegenüber der Oudegracht 85, bei der Viebrug [F3] ungefähr auf der Höhe des Satdskasteel Oudaen und bei Hoog Catharijne.

› **Utrecht Rederij Schuttevaer,** Tel. 2720111, www.schuttevaer.com. Etwa einstündige Rundfahrt tgl. 11–17 Uhr (Abfahrt stündlich), 16,50 €, 4–12 Jahre 11,50 €. Eineinhalbstündige Rundfahrt tgl. 11, 13, 14.30 und 16 Uhr, 19,95 €, 4–12 Jahre 14,95 €.

Tretboot

› **Stromma/Pedal Boats Utrecht,** Steg (Canal Bike) an der Oudegracht 165, Tel. 020 2170501, www.stromma.com/de-nl/utrecht/sightseeing/sightseeing-per-boot/pedal-boat-utrecht. Max. 4 Personen, April–Okt. tgl. 10–18 Uhr, letzte Abfahrt jeweils 16 Uhr, pro Boot für max. 4 Personen 36,50 €.

Kanu und SUP Board

•**126** [E3] **Dagje Suppen,** Paardenveld 3, Tel. 2271439, www.dagjesuppen.nl, April–Sept. an den Wochenenden und während der Ferien die ganze Woche. SUP-Boards verschiedener Größen (für Kinder, eine oder zwei Personen), die man 1½–4 Std. mieten kann. Kinder 14–27 €, 1 Pers. 21–33,50 €, 2 Pers. 26–38,50 €. Man startet im Singel und kann von hier aus bequem die Stadt erkunden.

•**127** [G6] **Kanoverhuur Utrecht,** Oudegracht 275, Tel. 06 15602823, http://kanoverhuurutrecht.nl, pro Person 1 Std. 8 €, 1½ Std. 12 €, bis 24 Std. 16 €. Man bekommt eine Karte für die möglichen Touren. Von April bis Mitte Oktober werden ab 10 Personen begleitete Nachtfahrten entlang dem Trajectum Lumen (s. S. 28) angeboten. Außerdem kann man auch eine Schaluppe mit elektrischem Antrieb für maximal 12 Personen mieten, pro Boot für 1 Std. 40 €, 1½ Std. 60 €, 2 Std. 80 €, 4 Std. 160 €.

Telefonieren

Die **Landesvorwahl** der Niederlande ist die **0031.** Die **Ortsnetzkennzahl** von Utrecht ist **030,** aus dem Ausland wählt man also 003130 und die jeweilige Telefonnummer.

Für Telefonate von den Niederlanden nach **Deutschland** wählt man die 0049, nach **Österreich** die 0043 und in die **Schweiz** die 0041, danach die Ortsnetzkennzahl ohne Null.

In der EU gibt es keine **Roaminggebühren.** Damit ist das Telefonieren und Surfen mit dem Handy im EU-Ausland so günstig wie zu Hause – es sei denn, man nutzt das Handy im Ausland über einen längeren Zeitraum hinweg, dann können je nach Anbieter Nutzungsobergrenzen gelten.

◁ *Sommerspaß auf dem Wassser*

Unterkunft

Hotels in Utrecht bieten ihren Gästen eine gute Auswahl von günstig bis luxuriös und sind meist zu 77 % ausgebucht. Die Stadt lebt unter anderem von Geschäftsleuten, die zum Beispiel zu Messen kommen, weshalb es besser ist, im Voraus zu buchen.

Die Zimmerpreise sind recht hoch und damit mit denen im deutschsprachigen Raum vergleichbar. Doch wenn man Glück hat, kann man im Winter an günstige Schnäppchen kommen (Feiertage natürlich ausgenommen). Und die Preise können sich je nach erwarteter Nachfrage enorm unterscheiden.

In der Innenstadt findet man viele geschmackvolle Zimmer in **historischen Gebäuden**, es kann aber vorkommen, dass die Zimmer etwas kleiner ausfallen. Auch sind die Flure und Zimmer teilweise oder gar nicht per Aufzug zugänglich. Wer gehbehindert ist, sollte sich unbedingt vorher erkundigen, denn niederländische Treppenhäuser können sehr steil sein und manch einer hat Mühe, den Koffer nach oben zu schleppen.

Buchungsportale

Neben Buchungsportalen für **Hotels** (z. B. www.booking.com, www.hrs.de oder www.trivago.de) bzw. für **Hostels** (z. B. www.hostelworld.com) gibt es auch Anbieter, bei denen man **Privatunterkünfte** buchen kann. Portale wie www.airbnb.de oder www.wimdu.de vermitteln Wohnungen, Zimmer oder auch nur einen Schlafplatz auf einer Couch. Diese oft recht günstigen Übernachtungsmöglichkeiten sind nicht unumstritten, weil manchmal normale Wohnungen gewerblich missbraucht werden. Einige Städte greifen deshalb regulierend ein.

Preiskategorien

Die Preiskategorien beziehen sich auf den Preis eines normalen Doppelzimmers ohne Frühstück.

€	bis 50 €
€€	50–100 €
€€€	ab 100 €

In der Innenstadt herrscht ein lebendiges und reges Nachtleben, sodass man schon einmal mit **Lärmbelästigung** rechnen muss. Die Innenstadt ist inzwischen so gestaltet, dass es dem Autoverkehr schwergemacht wird. Das Parken ist ein teurer Spaß (die meisten Hotels bieten keine Parkplätze) und es kann auch recht viel Mühe machen, das Hotel überhaupt mit dem Auto zu finden. Da man in Utrecht alles leicht zu Fuß erledigen kann, ist es die Frage, ob man nicht besser mit dem Zug anreist.

Inzwischen hat es sich eingebürgert, dass im Zimmerpreis das **Frühstück** nicht mehr inbegriffen ist. Oft wird ein Betrag zwischen 15 und 25 € berechnet. In Vier- oder Fünfsternehotels bekommt man dafür normalerweise auch ein recht großes Frühstück, doch es ist die Frage, ob es sich nicht lohnt, einfach im Café nebenan zu frühstücken.

Sterne geben in Benelux-Hotels Auskunft über Komfort und Ausstattung, beispielsweise die Zahl der Etagen mit Aufzug, den Zugang zu Telekommunikationsmitteln etc.

Ein Internetzugang ist normalerweise in Hotels verfügbar, jedoch nicht immer gratis. Auch die **Touristensteuer von 6 %** ist nicht immer automa-

056ut-bs

tisch inbegriffen. Manche Hotels registrieren als Sicherheit bei Ankunft im Hotel die **Kreditkarte**, auch wenn man später bar bezahlt.

Es gibt zwei Websites, auf denen man **Hotels buchen** kann, die neben Informationen zu den Hotels auch einen Kalender mit Zimmerpreisen anzeigen, sodass man, falls man flexibel reisen kann, ein günstigeres Angebot auswählen kann.

› www.hoteliers.com.de
› www.hotels.nl (Hier findet man außerdem auch Rezensionen anderer Gäste.)

In Utrecht ist die erste Anlaufstelle für eine Hotelbuchung **VVV Utrecht** (s. S. 114). Da die Touristeninformationsstelle nur von 10 bis 17 Uhr geöffnet ist, sollte man sich allerdings darum bemühen, rechtzeitig dort zu sein.

Empfehlenswerte Unterkünfte

Auf den Spuren der Vergangenheit

128 [G6] **B&B De witte leeu** €€€, Oudegracht 249, Tel. 0614247796, http://bedandbreakfast-dewitteleeu.nl. **Komfort im Gewölbekeller:** 40 m² großes Studio mit heller, freundlicher Ausstattung in einem mittelalterlichen Gewölbekeller, zwei Leihräder inbegriffen.

129 [G4] **Hotel Beijers** €€€, Achter Sint Pieter 140, Tel. 7600021, www.hotelbeijers.com. **Geschichtsträchtig:** Hotel und B&B in einem alten Stadtpalast von 1642. Tolles Ambiente in einer kleiner Seitenstraße mitten in der Stadt.

130 [G7] **UKI-Hotel** €€€, Oudegracht a/d Werf 409 D, Tel. 0650684126, www.uki-hotel.nl. **Grachten hautnah:** 30 m² großes, modern eingerichtetes Studio in einem Gewölbekeller aus dem 13. Jh. An einem ruhigen Abschnitt der Gracht.

Günstig gelegen

131 [D4] **Inntel Hotel Utrecht Centre** €€€, Smakkelaarshoek 24, Tel. 2020990, www.inntelhotelsutrechtcentre.nl. **Für Designliebhaber:** 11-stöckiges Viersternehotel direkt am Bahnhof. Zimmer zwischen 22 und 46 m². Teilweise grandiose Aussicht auf die Stadt. Schwimmbad, Sauna, Dampfbad.

Monumentale Empfangshalle: das Bunk Hostel in einer ehemaligen Kirche (s. S. 126)

132 [E4] **Leonardo Hotel Utrecht City Centre** €€, Vredenburg 14, Tel. 2331232, www.leonardo-hotels.nl/utrecht/leonardo-hotel-utrecht-city-center. **Wenige Schritte ins Konzert:** 90 Zimmer zwischen 20 und 32 m², auch für 3 bis 4 Personen, mitten auf dem Platz Vredenburg beim Konzertsaal TivoliVredenburg.

133 [C5] **NH Hotel Utrecht** €€€, Jaarbeursplein 24, Tel. 2977977, www.nh-hotels.de/hotel/nh-utrecht. **Kurze Wege zu Bahnhof und Jaarbeurs:** Viersternehotel am Hauptbahnhof. 276 Zimmer (22–48 m²) auf 18 Etagen. In den oberen Etagen mit prächtigem Blick über die Stadt.

Gut und günstig

134 [H3] **B&B Utrecht City Center** €, Lucasbolwerk 4, Tel. 0650434884, https://studenthostelutrecht.nl. **Gute Ausgangsbasis fürs Nachtleben:** in einem Herrenhaus von 1870 gegenüber dem Stadttheater gelegenes Hostel mit einem großzügigen Innenhof.

135 [E3] **Bunk Hostel Utrecht** €€, Catharijnekade 9, Tel. 0226363869, https://wearebunk.com/utrecht/nl. **Besondere Schlafstätten:** Hostel in einer ehemaligen Kirche mit Zimmern von 9 bis 20 m² und Kabinen für 1 bis 2 Personen, die gerade mal so groß sind wie das Bett, in denen man nicht stehen kann und die zum Teil über Leiterstufen erreicht werden. Regelmäßige Konzertveranstaltungen, sogar auf der alten Quellhorst-Orgel, die unter Denkmalschutz steht.

136 [G3] **Hostel Strowis** €€, Boothstraat 8, Tel. 2380280, www.strowis.nl. **Familiäre und entspannte Atmosphäre:** Das Hostel liegt in einer ruhigeren Seitenstraße neben dem Janskerkhof und verfügt über einen hübschen kleinen Garten.

137 **Stayokay Utrecht-Bunnik** €€, Rhijnauwenselaan 14b, 3981 HH Bunnik, Tel. 6561277, www.stayokay.com/nl/hostel/utrecht-bunnik. **Mitten im Grünen:** Das Hostel befindet sich in einem alten Landhaus im Naherholungsgebiet vor den Toren der Stadt. Es ist ideal, wenn man neben Kultur auch Erholung sucht. Mit De Veldkeuken hat man ein vegetarisches Restaurant gleich nebenan.

138 [F3] **Stayokay Utrecht Centrum** €€, Neude 5, Tel. 7501830, www.stayokay.com/nl/hostel/utrecht-centrum. **Andere kennenlernen in entspannter Atmosphäre:** hip eingerichtete Jugendherberge mitten im Zentrum an einem der lebendigsten Treffpunkte für das Nachtleben.

Wohlfühlen und genießen

139 [G7] **Boutique Hotel Zies** €€€, Twijnstraat 58, Tel. 2766865, www.zies-utrecht.nl. **Intim und persönlich:** Kleines Hotel im Zentrum mit fünf Zimmern von 17–27 m², teilweise mit Balkon. Weinbar und Bistro zugehörig.

140 [G5] **Court Hotel** €€€, Korte Nieuwstraat 14, Tel. 2330033, www.courthotel.nl. **Gediegenes Design:** Viersternehotel mit 27 Zimmern im ehemaligen Gerichtsgebäude, das nur ein paar Schritte vom Dom entfernt ist. Zum Hotel gehört auch ein Restaurant mit einer großen Terrasse im Innenhof.

141 [G3] **Eye Hotel** €€€, Wijde Begijnestraat 1–3, Tel. 3036303, www.eyehotel.nl/de. **Individuelle, stilvolle Zimmer:** Jedes Zimmer im denkmalgeschützten Gebäude einer ehemaligen Augenklinik ist anders gestaltet.

142 [F5] **Karel V Grand Hotel** €€€, Geertebolwerk 1, Tel. 2337555, www.karelv.nl. **Entspannung in Luxus:** zentral gelegenes Fünfsternehotel im ehemaligen mittelalterlichen Kloster des Deutschen Ordens. Mit Wellnessbereich, einem gepflegten Garten und einem Sternerestaurant. Hotelparkplätze verfügbar.

143 [F4] **Mother Goose Hotel** €€€, Ganzenmarkt 26, Tel. 3036300, www.mothergoosehotel.com. **Ruhige Farbge-**

bung: liebevoll eingerichtetes Designhotel mit 23 Zimmern an einem lebendigen Platz. Auf den einzelnen Stockwerken sind die Zimmer in der gleichen Farbe gehalten: Weiß, Grau, Braun oder Schwarz.

144 [A4] **The Anthony** €€, Kanaalstraat 197, Tel. 2272975, www.theanthony.nl. **Hell und modern:** Viersternedesignhotel mit 90 Zimmern. Zu dem ehemaligen Kloster im multikulturellen Viertel Lombok gehören auch ein großer Innenhof und ein Restaurant.

Verkehrsmittel

Utrecht ist so kompakt, dass man alles zu Fuß erreichen kann. Nur an wenigen Stellen lohnt es sich tatsächlich, darüber nachzudenken, ob man vielleicht den Bus nehmen sollte. Allerdings sind die Mehrtageskarten recht günstig, sodass man sich das Leben auch einfach leicht machen kann.

Bus und Tram (S-Bahn)

Es gibt am Bahnhof **zwei Busbahnhöfe.** Die meisten Busse fahren hinter dem **Bahnhof** ab *(Jaarbeurszijde)*, nur wenige Linien vor dem Bahnhof *(Centrumzijde)*. In der Bahnhofshalle hängt eine elektronische Anzeigentafel, auf der angegeben ist, wo und wann welche Linie abfährt. Die Bussteige am Bahnhof haben eine Kombination aus Buchstaben und Nummern. Es hängt auch ein Plan aus, wo man die Bussteige findet.

Die **Tramlinien** 20 und 21 verbinden Nieuwegein/IJsselstein über den Hauptbahnhof (Utrecht Centraal) mit dem Universitätsgelände (Utrecht Science Park). Die Linie 22 fährt die Strecke Hauptbahnhof – Universitätsgelände.

Hilfreiche Apps zum ÖPNV

Beide Apps sind für iOS und Android verfügbar und kostenlos.

- **9292**, Reiseinformationen für das ganze Land
- **OVinfo**, detaillierte Reiseinformationen für die öffentlichen Verkehrsmittel in Utrecht

In der Bahnhofshalle (Jaarbeurszijde) gibt es eine **Infostelle** der städtischen Verkehrsbetriebe U-OV und unter www.u-ov.info kann man selbst seine Verbindungen raussuchen.

•145 [D5] **U-OV Service & Tickets**, Bahnhofshalle (Rückseite, Jaarbeurszijde), Tel. 0900 5252241 (Mo.–Fr. 8–20, Sa. 9–17 Uhr), Mo.–Fr. 6.30–19, Sa., So. 10–17.30 Uhr. Reiseauskunft, Liniennetzpläne, Kartenverkauf, OV-Karten.

Tickets

Im Utrechter ÖPNV und bei der Eisenbahngesellschaft NS ist es inzwischen möglich, mit einer **(Kredit-) Karte** oder per **Smartphone** ein- und auszuchecken. Akzeptiert werden Debitkarte, Mastercard und Visa. Der Vorteil ist, dass man nur die gefahrenen Kilometer zahlt, was meist günstiger ist als ein Einzelfahrschein. Allerdings kann man mit einer Karte nicht für mehrere Personen bezahlen. **Achtung:** Man muss beim Einsteigen und beim Aussteigen in Bus oder S-Bahn die Karte ablesen lassen.

Fahrscheine kann man am Automaten auf den Busbahnsteigen beim Bahnhof, im Servicecenter oder beim Fahrer (hier nur mit Karte) lösen. Die meisten Sehenswürdigkeiten liegen innerhalb der ersten Zone, hier kostet eine Einzelfahrt 3,10 €. Nach 18 Uhr und samstags sowie sonntags ganztägig kann man eine **Retourkaart** kaufen. Mit ihr kann man hin- und zurückfahren (4,35 €).

Tageskarten (Dagkaart), die auch Leidsche Rijn, Uithof und Kasteel De Haar einschließen, sind nur an den U-OV-Servicepunkten erhältlich (z. B. im Hauptbahnhof).

› **Preise:** Erwachsene 6,95 €, 4–18 Jahre 4,70 €

Taxi

In Utrecht dürfen nur Taxis, die einen bestimmten Standard erfüllen, an einem offiziellen **Taxistandplatz** (Jaarbeursplein, Vorderseite Hbf, Vredenburg, Janskerkhof, an allen Bahnhöfen) warten. Diese Taxis haben eine Karte mit der Aufschrift „Keurtaxi Utrecht" am Fenster kleben.

Die meisten Taxizentralen bieten auf ihrer Website die Möglichkeit, die Preise schon vorher auszurechnen, und im Hotel sollten die Angestellten einem ebenfalls den ungefähren Preis für eine Fahrt nennen können.

› **Utrechtse Taxi Centrale,** www.utc.nl, Tel. 7777777

In Utrecht sind außerdem **Uber** (www.uber.com) und **Bolt** (www.bolt.eu) unterwegs. Eine Fahrt mit ihnen kann günstiger sein als mit dem herkömmlichen Taxi, doch dürfen Letztere auf den Busspuren fahren. Die häufigsten Beschwerden, die man über diese Fahrdienste hört, beziehen sich darauf, dass Fahrten zwar akzeptiert, aber nicht ausgeführt werden.

Wetter und Reisezeit

In Utrecht herrscht **gemäßigtes Seeklima**, auch wenn man einige Kilometer von der Nordsee entfernt ist. Das bedeutet, dass es in Utrecht im **Sommer** selten wirklich heiß wird. Die Obergrenze liegt bei ca. 25 °C, vereinzelt steigt das Quecksilber auch auf oder etwas über 30 °C – eine Temperatur, die man hier bereits als „tropisch" bezeichnet. An solchen Tagen sind Züge an die holländischen Strände hoffnungslos überfüllt.

Dafür wird es im **Winter** aber nicht übermäßig kalt. Unter 0 °C sinkt die Temperatur nur an wenigen Tagen. Dies kann einen Weihnachtsurlaub in Utrecht durchaus zu einer Alternative zu den langen Warteschlangen am Skilift werden lassen.

Im Durchschnitt kommt Utrecht auf rund 13 Tage **Niederschlag** im Monat. Wind- und regenfeste Kleidung ist also angebracht.

⊡ *Nijntje, dem modernen Wahrzeichen Utrechts, begegnet man überall in der Stadt (s. S. 117)*

Wetter in Utrecht

Durchschnitt	Jan	Febr	März	Apr	Mai	Juni	Juli	Aug	Sept	Okt	Nov	Dez
Maximale Temperatur	6°	7°	10°	14°	17°	20°	22°	21°	19°	14°	10°	6°
Minimale Temperatur	1°	1°	3°	6°	9°	12°	14°	14°	12°	9°	5°	2°
Regentage	9	9	9	9	9	9	11	10	9	9	10	10

ANHANG

066ut-bs

Kleine Sprachhilfe Niederländisch

Die folgenden Wörter und Redewendungen wurden dem Reisesprachführer „Niederländisch – Wort für Wort" aus dem Reise Know-How Verlag entnommen und sollen dem Leser eine erste kurze Einführung in die niederländische Sprache bieten.

Aussprache

Die folgenden Buchstaben(-kombinationen) werden anders als im Deutschen ausgesprochen. Die zweite Spalte gibt die Lautschrift wieder.

ch, g	ch	raues „ch" wie in „lachen"
g	sh	bei französ. Wörtern vor e, i, y wie zweites „g" in „Garage"
ng	ng	„ng" wie im Deutschen „bringen"
e	è	kurzes „e" wie in „bitte"
ei, ij	äj	wie „ey"
eu	öö	wie ein langes „ö"
oe	u	kurzes „u" wie in „Bus"
ou	au	wie „au" in „Maus"
s	ß	stimmloses „s" wie in „Bus"
sch	ßch	wie „ß" und dann „ch" in „Häuschen" (kein deutsches „sch")
sj	sch	deutsches „sch" wie in „Schule"
tj	tch	zwischen „tch" und „tj" wie in „Kärtchen"
u	üü	langes „ü" wie in „Mühe", oder:
	ö	kurzer Laut zwischen „i" und „ö"
ui	öi	etwa wie „öi" in „Feuilleton"
v	v	zwischen „f" und „w"
z	s	stimmhaftes „s" wie in „Rose"

Am Wortende gibt es folgende Besonderheiten:

-b	-p	wie „p"
-d	-t	wie „t"
-ig	-èch	„ech" mit weichem „ch" (kein „ä")
-isch	-ieß	„ieß" (mit langem „i")
-n		wird manchmal verschluckt
-lijk	-lèk	„lek", klingt fast wie „lök"
-tie	-zie	„zie" (mit langem „i")

Häufig gebrauchte Wörter und Redewendungen

Zahlen

0	*nul*	nöll
1	*een*	een
2	*twee*	twee
3	*drie*	drie
4	*vier*	vier
5	*vijf*	väjf
6	*zes*	säß
7	*zeven*	seevèn
8	*acht*	acht
9	*negen*	neechèn
10	*tien*	tien
11	*elf*	älf
12	*twaalf*	twaalf
13	*dertien*	därrtien
14	*veertien*	veertien
15	*vijftien*	väjftien
16	*zestien*	säßtien
17	*zeventien*	seevèntien
18	*achtien*	achtien
19	*negentien*	neechèntien
20	*twintig*	twintich
21	*eenentwintig*	eenèntwintich
22	*tweeëntwintig*	tweeèntwintich
23	*drieëntwintig*	drieèntwintich
24	*vierentwintig*	vierèntwintich
25	*vijfentwintig*	väjfèntwintich
26	*zesentwintig*	säßèntwintich
27	*zevenentwintig*	seevènèntwintich
28	*achtentwintig*	achtèntwintich

29	*negenentwintig*	neechènènt wintich	101	*honderdeen*	hondèrdeen
30	*dertig*	därrtich	102	*honderdtwee*	hondèrdtwee (usw.)
40	*veertig*	veertich	200	*tweehonderd*	tweehondèrd
50	*vijftig*	väjftich	300	*driehonderd*	driehondèrd
60	*zestig*	säßtich	1.000	*duizend*	döisènd
80	*tachtig*	tachtich	2.000	*tweeduizend*	tweedöisènd
90	*negentig*	neechèntich	10.000	*tienduizend*	tiendöisènd
100	*honderd*	hondèrd	1.000.000	*een miljoen*	een milljunn

Die wichtigsten Fragewörter

welke?	wällkè	welches?
wat voor een?	wat voor een	was für ein?
waar?	waar	wo?
waarvandaan?	waarvanndaan	woher?
waarnaartoe?	waarnaatu	wohin?
waarom?	waaromm	warum?
hoe?	hu	wie?
hoeveel?	huveel	wie viel?
wanneer?	wanneer	wann?
waarmee?	waarmee	womit?

Die wichtigsten Richtungsangaben

(naar) rechts/links	naar rächtß/linkß	(nach) rechts/links
rechtdoor	rächtdoor	geradeaus
terug	tèröch	zurück
tegenover	teechènoovèr	gegenüber
tussen	tößèn	zwischen

Die wichtigsten Zeitangaben

(over)morgen	(oovèr)morchèn	(über)morgen
's morgens	ßmorchènß	morgens
's middags	ßmiddachß	mittags
's avonds	ßavèndß	abends
dagelijks	daachèlèkß	täglich
eerder – later	eerdèr – laatèr	früher – später
nou, nu – gauw	nau, nü – chauw	jetzt – bald
maandag	maandach	Montag
dinsdag	dinßdach	Dienstag
woensdag	wunßdach	Mittwoch
donderdag	dondèrdach	Donnerstag
vrijdag	vräjdach	Freitag
zaterdag	saatèrdach	Samstag
zondag	sonndach	Sonntag

Die wichtigsten Fragen

Wat is dat? wat iß dat	Was ist das?
Kunt u me vertellen ...? könnt ü mè vèrtällèn	Können Sie mir sagen ...?
Is er ...? – Heeft u ...? iß èr – heeft ü	Gibt es ...? – Haben Sie ...?
Ik wou graag ... ik wau chraach	Ich hätte gerne ...
Ik zoek ... – Ik neem ... ik suk – ik neem	Ich suche – Ich nehme ...
Waar vind ik ...? waar vind ik	Wo finde ich ...?
Ik heb ... nodig. ik häp noodich	Ich brauche ...
Waar kan ik ... kopen? waar kann ik ... koopèn	Wo kann ich ... kaufen?
Kunt u me ... geven? könnt ü mè ... cheevèn	Können Sie mir ... geben?
Hoeveel kost dat? huveel koßt dat	Wie viel kostet das?
Waar is ...? waar iß	Wo ist ...?
Hoe kom ik naar ...? hu komm ik naar	Wie komme ich nach ...?
Hoeveel kost de rit naar ...? huveel koßt dè rit naar	Wie viel kostet die Fahrt nach ...?
Ik wil graag naar ... ik will chraach naar	Ich möchte nach ... (Taxi)
Hoe lang duurt ...? hu lang düürt	Wie lange dauert ...?

Nichts verstanden? – Weiterlernen!

Ich spreche kaum Niederländisch.	*Ik spreek bijna geen Nederlands.* ik ßpreek bäjna cheen needèrlandß
Wie bitte? (geduzt/gesiezt)	*Wat zeg je/zegt u?* wat säch jè/sächt ü
Ich habe dich/Sie nicht verstanden.	*Ik heb je/u niet verstaan.* ik häp jè/ü niet vèrßtaan
Sprichst du/sprechen Sie Englisch/ Deutsch?	*Spreek jij/spreekt u Engels/Duits?* ßpreekt ü/ßpreek jäj ängelß/döitß
Was heißt ... auf Niederländisch/ Deutsch?	*Wat is ... in het Nederlands/Duits?* wat iß ... in hèt needèrlandß/döitß
Kannst du/können Sie das wiederholen?	*Kun je/Kunt u dat nog een keer zeggen?* könn jè/könnt ü dat noch een keer sächèn

Könnten Sie etwas langsamer sprechen?	*Zou u iets langzamer kunnen spreken?* sau ü ietß langsaamèr können ßpreekè
Was bedeutet dieses Wort?	*Kunt u me vertellen wat dit woord betekent?* könnt ü mè vèrtällèn wat dit woord bèteekènt
Wie spricht man dieses Wort aus?	*Hoe spreekt u dit woord uit?* hu ßpreekt ü dit woord öit
Können Sie mir das bitte aufschreiben?	*Wilt u mij dat alstublieft opschrijven?* willt ü mäj dat aßtüblieft opßchräjvèn

Die wichtigsten Floskeln und Redewendungen

ja – nee jaa – nee	ja – nein
dank u – dank je wel dank ü – dank jè wäl	danke (gesiezt – geduzt)
alsjeblieft – alstublieft aßjèblieft – aßtüblieft	bitte (geduzt – gesiezt)
Graag gedaan. chraach chèdaan	Keine Ursache./Gern geschehen.
Dankjewel, hetzelfde! dankjèwäl, hètsälfdè	Danke gleichfalls! (geduzt)
Goedemorgen!/Goededag! chujèmorchèn/chujèdach	Guten Morgen/Tag!
Goedenavond! chujènaavènd	Guten Abend!
Welterusten! wälltèrößtèn	Gute Nacht!
Welkom! wällkomm	Willkommen!
Hallo!/Hoi! – Doei! hallo/hoj – duj	Hallo! – Tschüss!
Tot ziens! tott sienß	Auf Wiedersehen!
Tot gauw. tot chauw	Bis bald.
Hoe gaat het (met jou/u)? hu chaat hèt (mät jau/ü)	Wie geht's (dir/Ihnen)?
Dank u wel, goed! dank ü wäll, chut	Danke, gut. (gesiezt)
Eet smakelijk! – Proost! eet ßmaakèlèk – prooßt	Guten Appetit! – Prost!
Sorry! – Het spijt me. ßorrie – hèt ßpäjt mè	Entschuldigung! – Es tut mir leid.
Is niet erg./Is Okee. iß niet ärch/iß okee	Macht nichts! (Antwort auf Entschuldigung)

Das ist
noch nicht alles!
Mehr Reise Know-How gibt es hier:
www.reise-know-how.de
Reiseführer | CityTrip | MeinTrip | InselTrip

REISE KNOW-HOW
@ReiseKnowHow
@reiseknowhowverlag
@Reise_KnowHow
auf www.reise-know-how.de
für den Newsletter anmelden
Zugspitze, Foto: Aneta Niemitz
Wohnmobil-Tourguide | Kauderwelsch | Landkarten | Soul Places

Register

Impressum

Sabine Burger, Alexander Schwarz

CityTrip Utrecht

2., neu bearbeitete und aktualisierte Auflage 2024

ISBN 978-3-8317-3895-3

Printed in Germany

Druck und Bindung: mediaprint solutions GmbH, Paderborn

Herausgeber: Klaus Werner
Layout: amundo media GmbH (Umschlag, Inhalt), Peter Rump (Umschlag)
Lektorat: amundo media GmbH
Karten: Ingenieurbüro K. Wendler, amundo media GmbH
Anzeigenvertrieb: KV Kommunalverlag GmbH & Co. KG, Alte Landstraße 23, 85521 Ottobrunn, Tel. 089 928096-0, info@kommunal-verlag.de
Kontakt: Reise Know-How Verlag Peter Rump GmbH, Osnabrücker Str. 79, 33649 Bielefeld, Deutschland, Tel. +49-521-946490, info@reise-know-how.de

Alle Angaben in diesem Buch sind gewissenhaft geprüft. Preise, Öffnungszeiten usw. können sich jedoch schnell ändern. Für eventuelle Fehler übernehmen Verlag wie Autoren keine Haftung.

Bildnachweis

Umschlagvorderseite: ©Olena Zn, stock.adobe.com | Umschlagrückseite und Umschlagklappe rechts: Sabine Burger und Alexander Schwarz
Soweit ihre Namen nicht vollständig am Bild vermerkt sind, stehen die Kürzel an den Abbildungen für die folgenden Fotografen, Firmen und Einrichtungen. Sabine Burger und Alexander Schwarz: bs.

Liste der Karteneinträge

Hier nicht aufgeführte Nummern liegen außerhalb der abgebildeten Karten. Ihre Lage kann aber wie die von allen Ortsmarken im Buch mithilfe der Web-App angezeigt werden (s. S. 143).

Benutzungshinweise

Cleveres Nummernsystem

Die Sehenswürdigkeiten sind im Text und im Kartenmaterial mit derselben **magentafarbenen ovalen Nummer** 1 markiert. Alle anderen Lokalitäten wie Geschäfte, Restaurants usw. tragen ein **Symbol und eine fortlaufende rote Nummer** (**1**).

Bewertung der Sehenswürdigkeiten

★★★ nicht verpassen
★★ besonders sehenswert
★ wichtig für speziell interessierte Besucher

Planquadrat im Kartenmaterial

[A1] Orte ohne diese Angabe liegen außerhalb unserer Karten. Alle Ortsmarken werden in der buchbegleitenden Web-App angezeigt (s. S. 143).

Der Schmetterling ...

zeigt an, wo man Angebote im Bereich des nachhaltigen Tourismus findet.

Mein Tipp
Persönliche Empfehlungen des Autors bzw. der Autoren.

Preiskategorien

Gastronomie

Die Preiskategorien beziehen sich auf ein Hauptgericht ohne Getränke.

€	bis 20 €
€€	20–30 €
€€€	über 30 €

Unterkünfte

Die Preiskategorien beziehen sich auf den Preis eines normalen Doppelzimmers ohne Frühstück.

€	bis 50 €
€€	50–100 €
€€€	ab 100 €

Updates zum Buch

www.reise-know-how.de/citytrip/utrecht24

Vorwahlen

- für die Niederlande: 0031
- für Utrecht: 030

Zeichenerklärung

- Arzt, Apotheke, Krankenhaus
- Bar
- Bibliothek
- Café, Eiscafé
- Denkmal
- Friedhof
- Galerie
- Geschäft, Kaufhaus, Markt
- Hotel, Unterkunft
- Imbiss, Bistro
- Informationsstelle
- Jugendherberge, Hostel
- Kino
- Kirche
- Moschee
- Museum
- Musikszene, Disco, Club
- Parkplatz
- Pension, Bed and Breakfast
- Polizei
- Pub, Kneipe, Biergarten
- Restaurant
- ★ Sehenswürdigkeit
- ● Sonstiges
- Synagoge
- Theater
- Turm
- Vegetarisches Restaurant
- Windmühle

- Tramhaltestelle

- Shoppingareal
- Gastro- und Nightlife-Areal
- Stadtspaziergang 1 (s. S. 12)
- Stadtspaziergang 2 (s. S. 16)

Utrecht mit PC, Smartphone & Co.

QR-Code auf dem Umschlag scannen oder **www.reise-know-how.de/citytrip/utrecht24** eingeben und die **kostenlose Web-App** aufrufen (Internetverbindung zur Nutzung nötig)!

★**Anzeige der Lage und Satellitenansicht aller** beschriebenen Sehenswürdigkeiten und weiteren Orte
★**Routenführung** vom aktuellen Standort zum gewünschten Ziel
★**Exakter Verlauf** der empfohlenen Stadtspaziergänge und der Fahrradtour
★**Audiotrainer** der wichtigsten Wörter und Redewendungen
★**Updates** nach Redaktionsschluss

GPS-Daten zum Download

Die GPS-Daten aller Ortsmarken und Spaziergänge sowie der Fahrradtour stehen auf der Produktseite des Titels auf www.reise-know-how.de zum Download zur Verfügung.

Stadtplan für mobile Geräte

Um den Stadtplan auf Smartphones und Tablets zu nutzen, empfehlen wir die App „Avenza Maps" der Firma Avenza™. Über die Funktion „Store" kann die „Citymap Utrecht 2024" kostenlos geladen werden.

Utrecht, Ausschnitt Zentrum

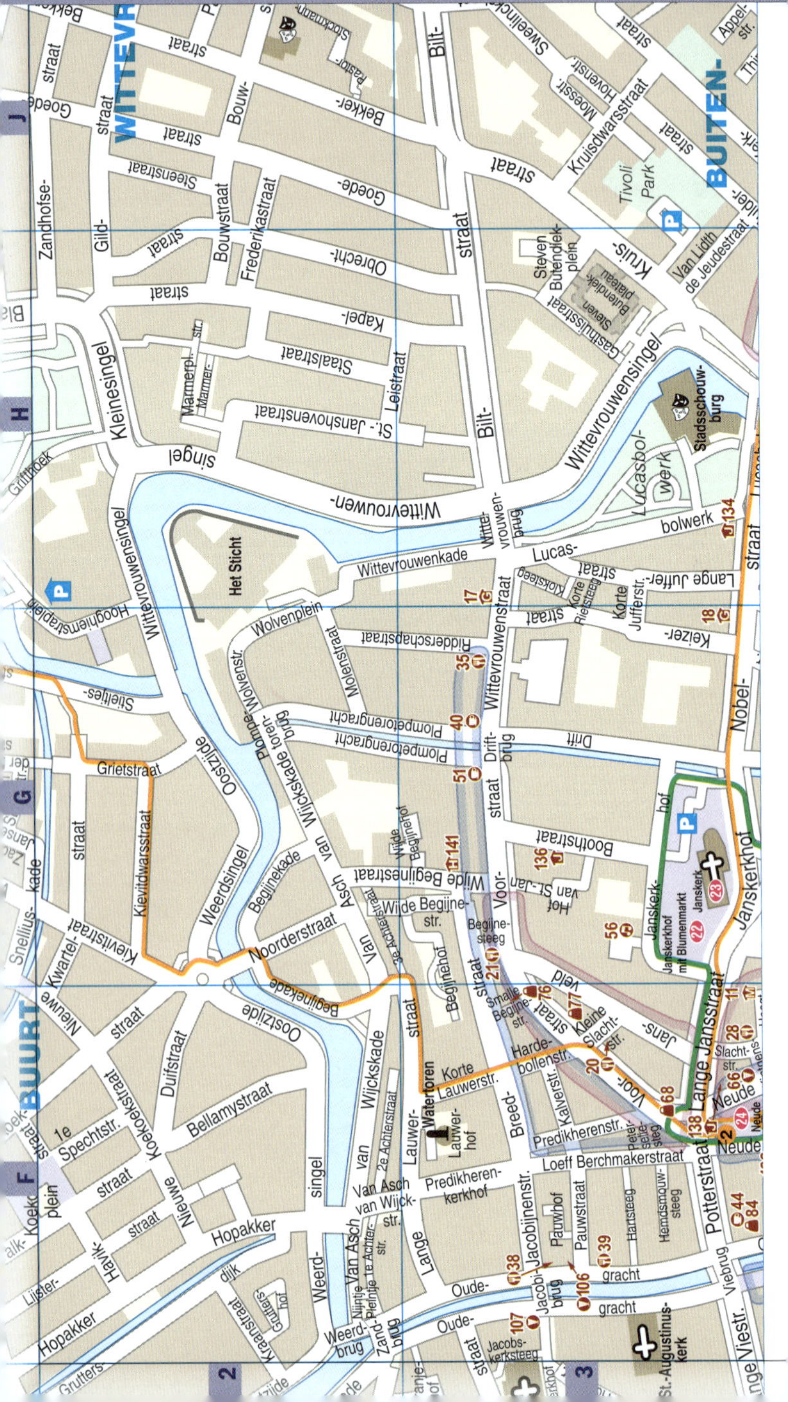